i Fari.   59

Luca Ricolfi

La società signorile di massa

La nave di Teseo

I disegni alle pagine 137 e 138
sono di Paola Mastrocola.
Le elaborazioni statistiche dei grafici
sono a cura della Fondazione David Hume.

ISBN 978-88-346-0126-6

Prima edizione La nave di Teseo ottobre 2019
Seconda edizione novembre 2019

Sommario

A Paola

La società centrata sul lavoro
è morta, ma non sappiamo
come seppellirla.

Ralf Dahrendorf, 1985

Introduzione

Se un marziano sbarcasse in Italia e dovesse informarsi ascoltando i notiziari, guardando le inchieste televisive, sfogliando i quotidiani, o leggendo libri di economia e sociologia, il quadro della nostra società che ne trarrebbe sarebbe più o meno di questo tipo:

- nell'ultimo ventennio, in Italia, come nel resto del pianeta Terra, le diseguaglianze fra gli umani sono cresciute "in modo esponenziale";
- l'Italia è fondamentalmente un paese povero, in cui una massa di disoccupati cerca invano un lavoro che le permetta di condurre una vita dignitosa;
- milioni di persone sono privi dei più elementari diritti, come quello a una casa, alla salute, al cibo; li vediamo nelle città, fare la coda al "banco alimentare", dove migliaia di volontari si sforzano di lenire le ferite più dolorose di un'umanità sofferente;

- 13 milioni di pensionati vivono con un assegno inferiore a 1000 euro al mese;
- i giovani sono esclusi dal mercato del lavoro regolare, e ingrossano le file dei disoccupati e sottoccupati;
- nei campi gli immigrati vengono impiegati in lavori defatiganti, per pochi euro al giorno e in condizioni di vita disumane;
- in edilizia i lavoratori stranieri sono addetti ai compiti più gravosi e pericolosi, con salari bassissimi, spesso in nero.

Adesso però proviamo a cambiare le fonti di informazione. Supponete che il nostro marziano, anziché guardare la TV e leggere libri, decidesse di farsi un giretto nella penisola. Con suo grande stupore la vedrebbe piena di gente che non lavora, oppure lavora e trascorre degli splendidi fine settimana in luoghi di villeggiatura. Grandi città con le piazze piene di giovani che "apericenano", spiagge invase dai bagnanti, luoghi d'arte presi d'assalto dai visitatori, eventi culturali e musicali che registrano il tutto esaurito. Famiglie che hanno due case di proprietà, o un televisore per stanza, o una barca ormeggiata in qualche porto turistico. Ristoranti pieni, cui si può accedere solo mediante prenotazione. Single che dedicano diverse ore la settimana alla cura del proprio corpo in palestre, spa, centrimassaggi. Persone di tutte le età che ricorrono a ogni sorta di esperti o presunti tali per gestire i propri dubbi esistenziali.

C'è qualcosa che non torna, penserebbe fra sé e sé il nostro marziano. A chi devo credere? Al racconto martellante e sostanzialmente uniforme di studiosi e mass media, o a quel che ho visto con i miei occhi?

Probabilmente a questo punto il marziano, finita la gita, se ne tornerebbe a casa sua archiviando l'enigma Italia come un caso confuso, anche se molto interessante.

E lasciamo che il marziano se ne torni serenamente su Marte. Il problema resta a noi. A chi credere? Al racconto o ai nostri occhi? Perché, in fondo, marziani lo siamo un po' tutti: quando giriamo per le nostre città e piccoli borghi anche noi "vediamo" qualcosa che sembrerebbe contraddire la narrazione ufficiale, quella degli studiosi e dei mass media.

Col lasciarci portare dagli occhi finiremmo dunque con la famosa battuta di Berlusconi, di una decina di anni fa, che già allora ai più parve piuttosto superficiale ed estemporanea, e che suonava più o meno così: ci sarà anche la crisi, ma io vedo i ristoranti sempre pieni. Oppure finiremmo con l'aggregarci allo stuolo di amici, colleghi, vicini di casa, sconcertati dalle piazze affollate alle tre di notte, dove centinaia di giovani sostano ai tavolini dei bar o ciondolano davanti ai locali con una birra in mano.

Col dar retta alla narrazione dominante, invece, dovremmo convincerci che viviamo nel peggiore dei mondi possibili, dove un numero crescente di famiglie è sotto la soglia di povertà, milioni di individui non riescono a mettere insieme il pranzo con la cena, nessuno trova più lavoro e chi lavora viene pagato quasi niente.

Due mondi contrapposti e paralleli? Due modi diversi di interpretare la stessa realtà? O la solita favola del "Re nudo", per cui il marziano-bambino è l'unico a vedere le cose come stanno, e tutti gli altri ipocritamente fingono? O, ancora e semplicemente, la regola consueta per cui ognuno vede quel che vuole vedere, e la verità è irraggiungibile per definizione?

L'occhio, per chi fa un mestiere come il mio, non è certo uno strumento affidabile.

E il racconto (o la "narrazione", come da qualche tempo si preferisce dire), oggi più che mai, è parziale e fazioso. Chi racconta, infatti, sono perlopiù tre categorie di persone: i politici, che per prendere più voti e giustificare la propria esistenza amplificano e generalizzano i problemi che toccano gli strati più svantaggiati della popolazione; gli operatori dei media (giornali, radio, TV) che, rivolgendosi al grande pubblico, tendono a selezionare gli aspetti della realtà che possano riscuotere maggiore audience; gli intellettuali che, più o meno accecati da un'ideologia, enfatizzano i temi che più confermano e surriscaldano quella medesima ideologia. Il risultato è che, in generale, si è innescata una gigantesca macchina retorica intorno a tutto ciò che ha più possibilità di suscitare sentimenti di pietà e indignazione, dipingendo un quadro quasi apocalittico dove imperano povertà, disoccupazione, sottoccupazione, omettendo però di specificare che si sta parlando di una minoranza della popolazione. Mentre l'esperienza diretta finisce inevitabilmente per mostrare quel che succede alla maggioranza, e che è tutt'altro che drammatico.

Il bello è che questo dualismo, questa oscillazione fra la denuncia di immani problemi sociali e l'adozione di un'immagine tutto sommato rassicurante della società in cui viviamo, la ritroviamo pari pari all'interno delle scienze sociali. Se guardiamo alle grandi indagini empiriche, quasi sempre il focus è su qualche patologia sociale: la devianza, la disoccupazione, la povertà, il precariato, i conflitti etnici, i profughi, il disagio giovanile, il lavoro nero, la criminalità comune, la mafia, il bullismo, la droga, la violenza sulle donne, un elenco che non avrei difficoltà a continuare per diverse pagine.

Se invece guardiamo ai grandi tentativi di cogliere l'essenziale del nostro tempo, ovvero ciò che rende la nostra società diversa da tutte quelle del passato, il quadro è quasi sempre ottimistico: se si eccettua un manipolo di definizioni pessimistiche, neutre o ambivalenti,[1] il grosso degli "affreschi" tentati da sociologi, economisti, politologi, psicologi ha un accento essenzialmente ottimistico. C'è chi sottolinea il progresso rispetto al passato, e parla di società postmoderna, postindustriale, postcapitalista. C'è chi sottolinea il benessere conquistato, e parla di società dei consumi, società opulenta (o "affluente"). C'è chi sottolinea il ruolo del sapere, e parla di società dell'informazione, della conoscenza, o dell'apprendimento. C'è, infine, chi sottolinea la dimensione relazionale, e parla di società della comunicazione, società della conversazione, società relazionale, o network society (per un quadro storico delle varie definizioni e dei vari autori vedi box a fianco).

È come se, nella definizione sintetica della società in cui viviamo, quando si cerca di condensare in un aggettivo o in un singolo termine il suo tratto essenziale, non riuscissimo a resistere alla tentazione di connotare il nostro oggetto, dipingendolo o come sostanzialmente positivo (il più delle volte), o sostanzialmente negativo (assai più raramente).

Che fare, dunque? Come raccontare il tipo di società in cui siamo gettati?

Forse, il marziano saggio che è in noi dovrebbe limitarsi a non adottare acriticamente uno dei due punti di vista, posto che, in fondo, c'è del vero in entrambi i resoconti, ossia tanto nel racconto dominante, quanto nell'esperienza diretta. E dovrebbe concludere, in modo salomonico, che l'Italia è un paese ricco e felice, in cui tuttavia permangono sacche di povertà e diseguaglianza, che alcuni enfatizzano e altri preferiscono ignorare.

Questa soluzione non mi convince. L'Italia di oggi a me non pare una società del benessere con una più o meno

Definizioni della società del nostro tempo

Focus	Denominazione	Autore	Anno
Progresso	Società postmoderna	Lyotard J.F.	1979
	Società postindustriale	Touraine A. Bell D.	1969 1973
	Società postcapitalista	Drucker P.F.	1993
Benessere	Società opulenta ("affluente")	Galbraith J.K.	1958
	Società dei consumi	Baudrillard J.	1970
Sapere	Società dell'informazione	Mattelart A. Nesti G.	2001 2005
	Società della conoscenza	Böhme G., Stehr N. Välimaa J., Hoffman D.	1986 2008
	Società dell'apprendimento	Hutchins R.M. Husén T. Stiglitz J.E., Greenwald B.C.	1968 1974 2014
Divertimento	Società dello spettacolo	Debord G.	1967
	Civiltà dello spettacolo	Vargas Llosa M.	2012
Relazioni	Società relazionale	Donati P.	1991
	Network society	van Dijk J.	1991
	Network society, società in rete	Castells M.	1996
	Società dell'informazione e della comunicazione	Bradley G.	2000
	Società della conversazione	Bloem J. et al.	2009

piccola anomalia al suo interno, che il tempo e riforme illuminate potrebbero incaricarsi di correggere. A me le due facce – opposte e speculari – che si presentano al marziano sembrano strettamente connesse: come cercherò di spiegare più avanti, l'esistenza di alcuni ben precisi strati inferiori della piramide sociale (i "poveri", nel racconto dominante) è strettamente necessaria al modo di vivere degli strati che del benessere sono i principali beneficiari. Da questo punto di vista, anche la suggestiva figura della "società dei due terzi", introdotta da Peter Glotz nel 1987, in un'epoca in cui i flussi migratori verso l'Europa erano ancora decisamente modesti, appare quantomeno inattuale, per non dire fuorviante. Il discorso sulla società dei due terzi (o dei tre quarti, come altri preferiranno dire), caro soprattutto alla sinistra liberale,[2] tende a riformulare il conflitto fra sinistra e destra come un mero problema di inclusione, con la sinistra impegnata a includere, e la destra a escludere.[3] Il che suggerisce che lo strato inferiore della piramide sociale sia essenzialmente una realtà "non ancora" inclusa, piuttosto che un ingranaggio fondamentale del funzionamento del sistema sociale.

La tesi che vorrei difendere in questo libro è che l'Italia non è una società del benessere afflitta da alcune imperfezioni, in via di più o meno rapido riassorbimento, ma è un tipo nuovo, forse unico, di configurazione sociale. La chiamerò "società signorile di massa" perché essa è il prodotto dell'innesto, sul suo corpo principale, che resta capitalistico, di elementi tipici delle società signorili del passato, feudale e precapitalistico. *Per società signorile di massa intendo una società opulenta in cui l'economia non cresce più e i cittadini che accedono al surplus senza lavorare sono più numerosi dei cittadini che lavorano.*

Con questo, sia ben chiaro, non intendo esprimere alcun giudizio di valore, come perlopiù hanno fatto quanti hanno provato a condensare in una singola espressione quel che ci distingue dalle società del passato. La società signorile di massa è un tutto unico, internamente coerente, che va innanzitutto compreso nelle sue strutture e nel suo funzionamento, al di là di ogni giudizio politico o morale, che inevitabilmente dipende dalle preferenze e inclinazioni di ciascuno.

Devo subito dire, a questo punto, che l'uso dell'aggettivo "signorile" per qualificare il tratto distintivo dell'Italia di oggi deve molto a quel che, da giovane, mi è accaduto di recepire dell'insegnamento di Claudio Napoleoni, un maestro di cui ho avuto la fortuna di essere allievo,[4] e che ha segnato profondamente il mio modo di vedere l'Italia.

I concetti di "società signorile" e di "consumo signorile", negli anni in cui ebbi l'occasione di frequentare i suoi corsi, erano centrali nel suo pensiero. Il punto su cui non cessò mai di insistere è che l'essenza della società signorile è l'esistenza di un gruppo sociale, in passato costituito dai nobili, dai guerrieri e dal clero, che ha il privilegio di consumare il sovraprodotto, o surplus,[5] senza contribuire in alcun modo alla sua formazione. Per Napoleoni era il "consumo signorile" dei ceti parassitari, e non lo sfruttamento del lavoro operaio da parte dei capitalisti, il vero male della società italiana. Perché in realtà gli imprenditori o capitalisti, con il loro lavoro, partecipano attivamente alla produzione del surplus, mentre lo sfruttamento – nella sua essenza – è un rapporto fra chi accede al surplus senza aver contribuito alla sua formazione e chi il surplus lo produce senza potervi accedere. Il vero sfruttatore è il signore che non lavora e consuma il surplus, non l'imprenditore-capitalista che contribuisce a produrlo.

Non so quanto esatta filologicamente sia questa ricostruzione, in parte basata su ricordi personali di lezioni e interventi in seminari, ma sta di fatto che, da allora, la componente parassitaria della società italiana, fatta di rendite, privilegi, mercati protetti, sprechi, ipertrofia dell'apparato pubblico, ha sempre attirato la mia attenzione,[6] fin dalla metà degli anni settanta, quando l'allarme per la deriva assistenziale del nostro paese improvvisamente si diffuse fra gli studiosi.[7] Ciononostante, fino a pochissimi anni fa,[8] mi sono sempre trattenuto dall'usare l'aggettivo "signorile" per qualificare la società italiana. A trattenermi, almeno negli anni settanta e ottanta, erano soprattutto due circostanze: la prima è che la diffusione dei consumi più opulenti era ancora incompleta e imperfetta; la seconda è che l'economia italiana, a dispetto di tutti i suoi squilibri e le sue storture, continuava a crescere a un ritmo sostenuto, superiore alla media degli altri paesi europei. L'Italia, in breve, era sì una società ricca, ma non era ancora una società "arrivata", stabilizzata in una condizione di opulenza.

È il caso di ricordare che, oltre che per l'esistenza di un consumo cospicuo cui non corrisponde alcun lavoro, le società signorili del passato si caratterizzavano per la loro staticità. Come tutte le società del passato erano, per usare l'efficace distinzione di Lévi-Strauss, società "fredde", senza crescita o con una crescita lentissima, diversamente dalle società capitalistiche, "calde" perché soggette al moto permanente loro impresso dal capitale. Insomma, per parlare di società signorile senza allontanarci troppo dal suo archetipo, occorre che il consumo signorile sia in qualche modo stabilizzato. Una società signorile è, anche, una società in stagnazione.

Ora, queste ultime due condizioni, consumo opulento + fine della crescita, in Italia si sono realizzate compiutamente solo nell'ultimo decennio, ovvero con la lunga crisi[9] seguita al fallimento di Lehman Brothers (settembre 2008). E lo hanno fatto in un modo che lascia interdetti: ora la condizione signorile, ovvero accedere al surplus senza lavorare, non è, come nelle società signorili vere e proprie, nonché nella stessa società italiana del passato, un privilegio riservato a una minoranza, ma una condizione altamente ambivalente che tocca più della metà dei cittadini. Ciò accade non solo perché sono tantissimi coloro che non lavorano, ma perché – come vedremo in dettaglio nel capitolo 3 sulla condizione signorile – sono i redditi stessi a provenire sempre più da fonti diverse dal lavoro, come le rendite e i trasferimenti assistenziali.

Ecco perché, nel qualificare la società italiana come signorile, occorre aggiungere "di massa".

Oggi, per la prima volta nella storia del nostro paese, ricorrono insieme tutte e tre le condizioni che permettono di parlare di una società signorile di massa:

(1) il numero di cittadini che non lavorano ha superato il numero di cittadini che lavorano;

(2) la condizione signorile, ovvero l'accesso a consumi opulenti da parte di cittadini che non lavorano, è diventata di massa;

(3) il sovraprodotto ha cessato di crescere, ovvero l'economia è entrata in un regime di stagnazione o di decrescita.

La prima condizione (più inoccupati che occupati), piuttosto sorprendentemente, era già stata raggiunta a metà degli anni sessanta; allora i consumi non erano ancora opulenti, ma il numero di occupati era già sceso a livelli preoccupanti, senza paragoni in Occidente.

La seconda condizione (consumi opulenti in assenza di lavoro) si perfeziona nel corso degli anni novanta, dopo quella che possiamo definire la "seconda transizione consumistica", che estende e completa la grande trasformazione del miracolo economico.

La terza condizione (ingresso in stagnazione) si instaura poco per volta fra la metà degli anni novanta, in cui l'Italia comincia a crescere meno degli altri paesi europei, e la lunga crisi iniziata nel 2008, al cui termine l'Italia risulta l'unico paese europeo a crescita zero.

Piano del lavoro

Nel primo capitolo fornisco una definizione analitica precisa di società signorile di massa.

Nel secondo descrivo i pilastri economici e sociali della società signorile di massa, con speciale attenzione alla sua infrastruttura paraschiavistica.

Nel terzo illustro la fenomenologia del consumo signorile, e i processi che lo hanno reso di massa.

Nel quarto mi soffermo sulla *forma mentis* della società signorile di massa, con particolare riguardo al suo tratto più problematico, ovvero il "doppio legame" che si viene a instaurare fra i produttori e quanti si trovano nella condizione signorile.

Nell'ultimo capitolo mi interrogo sull'unicità o meno del caso italiano, nonché sulle prospettive future della società signorile di massa.

L'Appendice statistica fornisce le informazioni essenziali sulle fonti dei dati e sulle principali elaborazioni effettuate.

Ringraziamenti

Questo libro non sarebbe stato possibile senza il supporto della Fondazione David Hume, che ha predisposto buona parte della base statistica. Un ringraziamento particolare va alle ricercatrici della Fondazione, Rossana Cima e Caterina Guidoni, che hanno condotto molte delle analisi ed elaborazioni.

Fra quanti hanno letto il manoscritto e contribuito con osservazioni e commenti vorrei ringraziare Paolo Campana, Rosaria Carpinelli, Raffaella Castellani, Nino D'Introna, Massimo Fortuzzi, Nicola Grigoletto, Mimmo Rafele, Lidia Ravera.

Un ringraziamento speciale va a Elisabetta Sgarbi e Eugenio Lio, non solo per la precisione chirurgica dei loro suggerimenti, ma per l'entusiasmo con cui hanno accolto questo libro.

Credo che a nessuno possa venire in mente che i difetti e i limiti sicuramente presenti in questo lavoro siano colpa dei miei amici.

1. Che cos'è la società signorile di massa

1. Verso una definizione analitica

Per formulare una definizione precisa di società signorile di massa, occorre partire da una distinzione importante. Nelle società occidentali odierne i cittadini, dotati del diritto di voto e più in generale di tutti i diritti di cittadinanza, sono solo una parte della popolazione residente (la parte restante è costituita dagli stranieri immigrati). Questa porzione della società, costituita dai cittadini ("nativi" o acquisiti[10]), a sua volta è costituita in minima parte da persone che vivono al di sotto della soglia di povertà assoluta, e in massima parte da persone che possono essere più o meno ricche, ma comunque *non* sono povere. Tradotto in termini marxisti: stiamo parlando di quanti, nella misura in cui vivono al di sopra del livello di sussistenza, partecipano alla suddivisione del surplus prodotto dal sistema economico. In una società come quella italiana, che ha 5 milioni di non-cittadini (gli immigrati) e circa 3 milioni di poveri di nazionalità italiana, i cittadini non-poveri sono più o meno 52 milioni di individui (su 55), e ovviamente si distribuiscono su un amplissimo spettro di condizioni economiche e sociali, dall'operaio che guadagna poco più dello stretto necessario per vivere, al manager che guadagna parecchi milioni di euro l'anno.

Ebbene, per definire la società signorile di massa è innanzitutto ai cittadini non-poveri che dobbiamo rivolgere la nostra attenzione. È infatti la speciale condizione dei cittadini italiani che vivono al di sopra della soglia di povertà (l'87% dei residenti, ma ben il 94% di quanti hanno la cittadinanza italiana[11]) che mi induce a parlare di società signorile di massa. Se la nostra società è diventata "signorile di massa" è precisamente per come è cambiata la condizione dei suoi membri italiani e non-poveri, ovvero dei suoi cittadini forti. O, se preferite, per come i cittadini forti hanno scelto di comportarsi e di vivere.

Certo, il nucleo economico della società signorile di massa è semplicemente il binomio opulenza + stagnazione. Ma il suo nucleo sociale, quello che le conferisce il suo marchio e la sua allure, è la frattura – tutta interna al mondo dei cittadini italiani non-poveri – fra una minoranza di produttori, che lavora e genera il surplus,[12] e una maggioranza di inoccupati, che al surplus può accedere senza contribuire a produrlo.

Fatto 100 il numero di residenti di almeno quindici anni, nella società italiana convivono tre segmenti fondamentali.

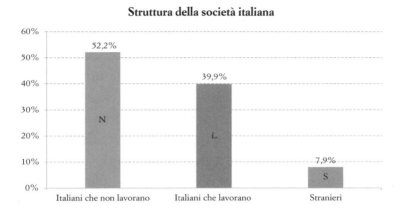

Fig. 1. I tre segmenti della società italiana (2018).
Fonte: ISTAT.

I primi due segmenti sono costituiti dall'insieme dei cittadini italiani, la stragrande maggioranza dei quali (94%) *non* si trova in condizione di povertà assoluta. Quel che distingue fra loro i due segmenti è che il segmento minore (L) è formato da lavoratori, di cui circa l'81% a tempo pieno o più che pieno (straordinari e doppio lavoro), mentre quello maggiore (N) è costituito da non-lavoratori, perlopiù in relazione di parentela con i primi. Come si vede dal diagramma, il peso dei non-lavoratori (52.2%) è nettamente superiore al peso dei lavoratori (39.9%).

Il terzo segmento (S) è costituito dai lavoratori stranieri, di cui ben 1 su 3 è in condizione di povertà assoluta.

Per quanto elementare, questa tripartizione ci restituisce l'essenziale della struttura profonda della società signorile di massa. Da una parte la dialettica fra cittadini italiani, quasi mai poveri, e ospiti stranieri, molto spesso in condizione di povertà assoluta: l'incidenza della povertà fra gli stranieri è oltre cinque volte quella fra i cittadini italiani. Dall'altra la dialettica, essenzialmente interna alle famiglie italiane, fra la maggioranza che consuma senza lavorare, e la minoranza che sostiene il consumo di tutti.

Il processo che ha condotto, in Italia, alla formazione di una società signorile di massa non si è compiuto nel giro di poco tempo, ma ha richiesto circa mezzo secolo, perché le tre condizioni che definiscono la società signorile di massa si sono sviluppate in tempi diversi, finendo per stratificarsi l'una sull'altra. Queste tre condizioni, lo abbiamo visto, sono il crollo del tasso di occupazione, il consumo opulento, la fine della crescita. Si tratta ora di darne una caratterizzazione precisa.

2. Il non-lavoro dei più

Condizione 1: il numero di cittadini italiani che non lavorano supera il numero di cittadini che lavorano.

Fig. 2. Cittadini italiani occupati e inoccupati: 1951-2018.
Fonte: elaborazioni FDH (Fondazione David Hume) su dati ISTAT.

Una formulazione statistica precisa della condizione 1 è la seguente: *fra i cittadini italiani ultraquattordicenni la percentuale di quanti non svolgono alcun lavoro supera il 50%*.

Contrariamente a quanto si potrebbe supporre, questo passaggio cruciale non avviene in tempi recenti ma risale addirittura al 1964, l'anno della "congiuntura", ovvero della prima recessione dell'economia italiana dopo la fine della seconda guerra mondiale. In quell'anno, nel sistema economico italiano si producono due mutazioni cruciali.

La prima è che gli occupati a tempo pieno, che erano cresciuti senza sosta dall'inizio degli anni cinquanta, interrompono bruscamente la loro corsa, ed entrano in una traiettoria di declino che, fra qualche oscillazione, perdura fino ai giorni nostri.

La seconda mutazione è che il numero di cittadini italiani del tutto inoccupati, che non hanno né un lavoro a tempo pieno né un lavoro a tempo parziale, diventano più numerosi dei cittadini occupati.[13]

Una svolta, quella del 1964, che animerà un decennio di dibattiti sul mercato del lavoro fra la fine degli anni sessanta e la fine degli anni settanta. A partire dal 1964, infatti, accade qualcosa di singolare, che colpisce profondamente gli studiosi del mercato del lavoro: l'occupazione diminuisce, perché le imprese riducono drasticamente il ricorso alle fasce deboli della forza-lavoro (giovani, donne, anziani), ma la disoccupazione non aumenta, o aumenta molto meno di quanto si riducano i posti di lavoro.

Di qui due interpretazioni: da una parte la maggior parte degli studiosi, sostenitori della teoria del "lavoratore scoraggiato", secondo cui è la debolezza della domanda di lavoro che disincentiva la ricerca attiva di un lavoro. Dall'altra un manipolo di studiosi, primo fra tutti il presidente dell'ISTAT De Meo, secondo cui il ritiro di giovani, donne e anziani dal mercato del lavoro, è dovuto essenzialmente al benessere che il miracolo economico ha improvvisamente e repentinamente regalato agli italiani.[14]

Quale che sia la lettura più corretta della storia di quegli anni, resta il fatto che la prima condizione che definisce la società signorile di massa – più inoccupati che occupati – viene raggiunta già a metà degli anni sessanta, ovvero più di mezzo secolo fa. È importante precisare che l'idea implicita in questa condizione non è che, in una società normale (cioè *non* signorile di massa), tutti debbano lavorare a tutte le età, ma semplicemente che coloro che – in quanto invalidi, studenti, pensionati, o coniugi di partner che lavora – sono esentati dal lavoro costituiscano una minoranza, magari ampia ma comunque inferiore al 50%. Il che, in effetti, è quanto succede in quasi tutti i paesi avanzati.[15] Ancora oggi, a dispetto della straordinaria crescita del benessere avvenuta negli ultimi cinquant'anni, nella stragrande maggioranza dei paesi avanzati il numero di persone che lavorano è superiore al numero di persone del tutto inoccupate.[16]

Come si vede dal diagramma a p. 34, oltre all'Italia, solo la Grecia[17] ha un tasso di occupazione totale inferiore al 50%.

Nel leggere questi dati bisogna tenere presente che essi si riferiscono al tasso di occupazione totale, ossia dei nativi e degli stranieri considerati congiuntamente (una scelta dettata dal fatto che per diverse società avanzate[18] non si dispone della disaggregazione fra nativi e stranieri). Se avessimo considerato il tasso di occupazione dei nativi,

34

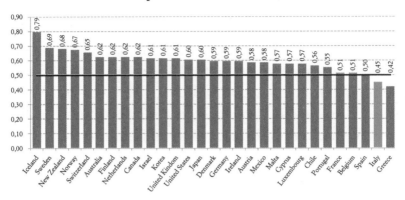

Tasso di occupazione totale nelle società avanzate

Fig. 3. Tasso di occupazione totale nelle società avanzate (2018).
Fonte: OECD.

avremmo osservato che anche in Spagna e in Lussemburgo i cittadini che lavorano sono meno del 50%.

Quanto all'Italia, la sua posizione sarebbe risultata ancora più vicina a quella della Grecia: in nessuna società avanzata lo scarto fra il tasso di occupazione degli stranieri e quello dei nativi è ampio come in Italia, dove lavora il 59.8% degli stranieri e solo il 43.3% dei cittadini italiani.

Un altro indizio dell'importanza che, nella società signorile, svolge la presenza di un'ampia infrastruttura paraschiavistica, di cui la popolazione straniera è quasi sempre una componente essenziale.

3. *Surplus e consumo opulento*

Condizione 2: la condizione signorile, ovvero l'accesso a consumi opulenti da parte di cittadini che non lavorano, diventa di massa.

Più complessa, e certamente più arbitraria, è la specificazione della seconda condizione. Essa tuttavia è cruciale. Per parlare di consumo signorile occorre infatti non solo che il surplus consumato senza erogare alcun lavoro riguardi almeno metà della popolazione, ma che per una parte non trascurabile tale consumo sia cospicuo, ovvero capace di soddisfare esigenze che, tipicamente, in passato solo i "signori" potevano permettersi.

Se fossimo ancora negli anni sessanta, ne segnalerei almeno una quindicina: le cure mediche, l'istruzione, un'alimentazione completa (non solo la domenica), la luce elettrica, l'acqua potabile, i servizi igienici in casa, il telefono, gli elettrodomestici, l'abitazione di proprietà, l'automobile, la villeggiatura, i viaggi di piacere, il cinema, la fruizione della cultura.[19] Si tratta di conquiste che ora ci appaiono naturali o scontate ma che in Italia, anche solo una cinquantina di anni fa, all'apice del miracolo economico (1963), non lo erano affatto, perché coinvolgevano solo una minoranza della popolazione, l'élite dei borghesi e – appunto – dei "signori". Ancora nel 1961, anno del secondo censimento dopo la fine della guerra e in pieno boom economico, le famiglie che vivono in abitazioni dotate di elettricità, acqua corrente e bagno sono appena il 28%. Quelle che sono proprietarie della casa in cui abitano sono meno del 50%, e così quelle che hanno un televisore in casa. Quelle che possono permettersi un breve periodo di ferie sono appena il 15%. Quanto all'automobile, sono meno del 7% gli italiani che ne posseggono una.

Ora però non siamo negli anni sessanta del Novecento. Che cos'è qualificabile come cospicuo oggi? Quali sono i consumi che possiamo definire opulenti ora che quasi tutti hanno la TV, gli elettrodomestici, il bagno in casa? Qual è la soglia che permette di affermare che il livello, e il grado di diffusione, del benessere di una società autorizza a qualificarla come opulenta?

Una possibile risposta è che la soglia è quella che fa sì che diversi e significativi beni voluttuari, o decisamente di lusso, siano posseduti o fruiti da oltre la metà dei cittadini italiani.

Questo passaggio fondamentale non avviene con il miracolo economico (1958-1963), che si limita a sancire l'uscita delle masse popolari dalla povertà, grazie all'accesso a beni e servizi per così dire "basici" (dal cibo all'acqua potabile in casa), e la conquista da parte di una minoranza degli italiani dei primi segni tangibili del benessere, come elettrodomestici, automobile, vacanze.

La transizione verso una società opulenta avviene solo tra gli anni ottanta e i primi anni duemila, coinvolge essenzialmente i ceti medi, e riguarda beni che, visti con gli occhi di chi era adulto ai tempi dell'austerità[20] (quella degli anni settanta) sono beni voluttuari, o di lusso, talora persino frivoli, segnali inequivocabili di una società arrivata.

Come sociologo, la descriverei così. Non l'auto, ma la seconda auto, magari personalizzata con una serie di optional. Non la casa, ma la seconda casa, possibilmente al mare o in montagna. Non la bici o il pallone, sport popolari ed economici, ma le costose attrezzature da sub o da sci. Non le solite vacanze di agosto presso i parenti, ma weekend lunghi e ripetuti (d'inverno ai monti, d'estate al mare) e, per le ferie (non solo quelle di agosto), pacchetti all-inclusive, per isole e paradisi più o meno esotici. Non la vecchia TV pubblica in bianco e nero, ma il variopinto mondo delle TV a colori, commerciali e non, satellitari e digitali terrestri, con i loro abbonamenti al calcio, ai film e alle serie TV.

E ancora. Non la scuola sotto casa per i figli, ma i corsi di lingue e judo, l'ora di sport, le lezioni private, gli infiniti scarrozzamenti dei pargoli fra un'attività e l'altra, in un turbine di baby-sitter, colf, pedagoghi domestici. Non i vecchi cibi di sempre, magari un po' più abbondanti, ma il multiforme mondo dei cibi alternativi, macrobiotici, vegetariani, new age, vegani, biologici, esotici, etnici, equi e solidali. Non la banale serata in pizzeria, ma i lunghi apericena preparatori di vagabondaggi notturni. Non il medico per le ordinarie malattie del corpo, ma lo sterminato esercito dei medici alternativi, o dell'anima: psicanalisti, psicoterapeuti, guide spirituali, guru, santoni, massaggiatori, osteopati, chiropratici, e infine – ultima moda – il business degli allenatori personali, coach e personal trainer. Per non parlare dell'irrompere, a partire dagli anni novanta, dei consumi tecnologici: TV satellitare, impianti HI-FI, telecamere digitali, registratori portatili, agende elettroniche, iPod, iPad, computer di ogni genere e foggia, telefonini, videofonini, megaschermi ultrapiatti, insomma un vero e proprio arsenale di cui pare non si possa proprio fare a meno per "stare al passo con i tempi".[21]

Ma la fenomenologia di questa "seconda transizione" consumistica,[22] che completa e amplia la prima (quella del miracolo economico), non è ancora una definizione statistica. Non basta a individuare in termini precisi la seconda condizione che autorizza a parlare di società signorile di massa, ossia l'accesso della maggior parte dei cittadini italiani a consumi opulenti. Per specificare tale condizione dobbiamo fissare un livello-soglia dei consumi non necessari.

Ed ecco allora una possibile definizione statistica: *nella popolazione nativa il surplus, ossia il consumo che eccede i bisogni essenziali, supera il triplo del livello di sussistenza.*

Ovvero: il consumo medio supera *il quadruplo* del livello di sussistenza.[23]

Dove, precisazione importante, per livello di sussistenza non intendiamo un livello fisso o assoluto, bensì quello che storicamente si è affermato nelle varie epoche, e che è cresciuto costantemente dal 1951 a oggi (oggi il livello di sussistenza per una famiglia di due persone è di circa 12.000 euro l'anno,[24] oltre il doppio di quanto era nel 1951).

Perché proprio questa soglia?

La ragione è relativamente semplice: un'analisi empirica della storia economica del nostro paese mostra che questo, di fatto, è il livello superato il quale la fenomenologia descritta sopra, che abbiamo chiamato seconda transizione consumistica, si completa e si generalizza, e alcuni beni e consumi pregiati, fino a pochi decenni prima riservati a un'élite, risultano *tutti* goduti da più di metà dei cittadini italiani.

Ma quali beni pregiati?

Lasciando perdere i beni a larghissima diffusione, quali bagno in casa, elettrodomestici, televisore, tutti beni che erano ancora di élite durante il miracolo economico, ma già dieci anni dopo sarebbero stati percepiti come irrinunciabili, e lasciando pure da parte i beni che in passato semplicemente non esistevano, come i beni ipertecnologici, mi sembra che una lista minimale possa includere: la casa di proprietà, l'automobile, le vacanze lunghe. In tutti e tre i casi si tratta di beni ambiti, il cui costo supera – largamente o molto largamente – l'importo di uno stipendio mensile, e che proprio per questo sono stati a lungo privilegio dei "signori".

Ebbene, se ci chiediamo qual è il rapporto fra surplus e consumo di sussistenza oltrepassato il quale i nostri tre beni pregiati sono divenuti tutti e tre accessibili a più di metà dei cittadini italiani, la risposta è: intorno a 3. Ossia: è solo quando il surplus appropriato dai cittadini italiani ha superato il triplo del reddito di sussistenza che l'accesso ai nostri tre beni pregiati è diventato maggioritario.

Più esattamente, perché si generalizzasse la proprietà della casa è stato necessario superare il livello 2, per quella dell'automobile il livello 2.5, per le vacanze lunghe, infine, il livello 3.

Fra i cittadini italiani, la casa di proprietà è diventata un bene di massa nei primi anni settanta, l'automobile alla fine degli anni ottanta, le vacanze (brevi e lunghe) nei primi anni duemila. Oggi casa di proprietà e automobile, fra le famiglie italiane, hanno un livello di diffusione prossimo all'80%, mentre le vacanze si collocano nei pressi del 65%. È ragionevole ipotizzare che ad accedere a tutti e tre questi beni – casa di proprietà, automobile, vacanze lunghe – sia più della metà delle famiglie di cittadini italiani.[25]

Ma attenzione. Con questo non vogliamo dire che disporre prevalentemente di questi tre beni di per sé definisca la condizione signorile, ma solo che – come vedremo in

Tre tappe verso la società signorile di massa

Fig. 4. Evoluzione del consumo medio famigliare e del livello di sussistenza (migliaia di euro l'anno).
Fonte: FDH su dati ISTAT.

dettaglio nel prossimo capitolo – l'accesso di massa a tali beni:

(1) è avvenuto quando (nei primi anni duemila) il rapporto fra surplus e consumo di sussistenza ha superato il livello 3;

(2) di fatto si è accompagnato a un'imponente espansione di consumi e modi di vita che, considerati nel loro insieme, possiamo definire opulenti.

Ed ecco il punto. Dal momento che a lavorare è una minoranza dei cittadini italiani, e la maggioranza che non lavora, quasi sempre, è legata a quella che lavora attraverso le relazioni familiari di coniuge, figlio, genitore, ecco che siamo in presenza del tratto distintivo della società signorile: l'appropriazione di una porzione significativa del surplus da parte di chi non lavora. Con un'importante qualificazione: ora i signori sono più numerosi dei produttori.

4. Stagnazione e società a somma zero

Condizione 3: il sistema economico ha cessato di crescere.

Una possibile definizione statistica è la seguente: diciamo che una società ha cessato di crescere se il suo tasso di crescita di medio periodo, calcolato in un orizzonte di cinque anni, è negativo o prossimo a zero (inferiore all'1% annuo).

L'economia italiana, dopo la seconda guerra mondiale, per circa mezzo secolo, ossia dal 1945 al 1995, ha avuto sempre un tasso di crescita di medio periodo non solo positivo, ma superiore a quello delle altre economie occidentali. Come e più della maggior parte di esse, siamo stati – per dirla con Lévi-Strauss – una società calda, in cui la ricchezza aumentava costantemente e, con la crescita della ricchezza, tutto si modificava: paesaggio, abitudini, consumi, mentalità.

A un certo punto, però, questo regime è cambiato. Una prima svolta si è avuta nei primi anni novanta quando, abbastanza improvvisamente, il tasso di crescita dell'Italia è divenuto minore di quello degli altri paesi occidentali. Ma la svolta decisiva, il colpo di grazia verrebbe da dire, si è avuta con la doppia recessione del 2008-2009 e del 2011-2012. Dal 2009 il tasso di crescita medio quinquennale dell'Italia, che non era mai sceso al di sotto dell'1%, è diventato negativo, e solo negli ultimi anni si è faticosamente riportato in prossimità dello zero.

Italia 2008-2018: dieci anni di stagnazione

Fig. 5. Tasso di crescita del PIL (media mobile quinquennale).
Fonte: ISTAT (per il 2019: OECD, IMF, EC).

Con ciò il processo di transizione alla società signorile di massa può dirsi concluso.[26] Per l'intero decennio 2009-2018 l'Italia si è comportata come le società fredde del passato, in cui la crescita era assente, o impercettibile, o negativa. Alla fine del 2019, il tasso quinquennale di crescita resta al di sotto dell'1%. A quanto pare, siamo entrati in un regime di stagnazione.

Con un'importante, forse cruciale, differenza rispetto alle società fredde del passato. In queste ultime la staticità riguardava tutti gli aspetti della vita sociale. A cambiare con estrema lentezza non era solo l'ammontare di risorse disponibili, ma erano le regole, i costumi, le tecniche di produzione, la natura dei beni prodotti. Chi nasceva in una certa epoca sapeva che il mondo sociale in cui sarebbero vissuti i suoi figli non sarebbe stato troppo diverso dal suo.

Ora, invece, tutto cambia ultrarapidamente, come nelle società calde dell'epoca moderna, ma l'ammontare complessivo delle risorse economiche resta sostanzialmente costante, come nelle società fredde. Forse, più che una società fredda, l'Italia sta diventando una società "a somma zero". Con questa espressione l'economista americano Lester Thurow descriveva la peculiare condizione in cui alcune economie occidentali si erano venute a trovare nel corso degli anni settanta, nell'era della stagflazione (stagnazione + inflazione).

È difficile sottovalutare la crucialità e delicatezza di un simile passaggio. Nel mondo della crescita, chiunque poteva pensare che il progresso del vicino non fosse a spese proprie, o di chiunque altro, perché la torta da suddividere era in costante aumento. Nel mondo della crescita zero, invece, è matematico che i progressi di *ego* siano gli arretramenti di *alter*, e che i successi di *alter* siano i fallimenti di *ego*: il gioco è a somma zero. Con la fondamentale complicazione che, ora, ruoli e istituzioni cambiano continuamente, e la competizione per i consumi, il prestigio, lo status, l'affermazione di sé, già solo per il fatto che Internet mette tutti davanti agli occhi di tutti, è diventata più feroce che mai.

Quello in corso, in altre parole, è un esperimento che non ha precedenti nella storia dell'umanità: cambiare tutto incessantemente, ma senza crescere. Non ci avevamo mai provato, e non è detto che ne siamo capaci.

2. I pilastri

1. Tre pilastri, tre generazioni

La società signorile di massa poggia su tre pilastri fondamentali. Il primo, e forse il più importante, è l'enorme ricchezza, reale e finanziaria, che – nel giro di circa mezzo secolo – è stata accumulata da due ben precise generazioni: la generazione di quelli che hanno "fatto la guerra" e la generazione di quelli che non ne hanno mai vista una. In concreto: la generazione dei miei genitori, che erano nel fiore degli anni durante la seconda guerra mondiale, e la mia generazione che, anziché la guerra, "ha fatto il Sessantotto".

Il secondo pilastro è la distruzione della scuola, o meglio il pacchetto di conseguenze che l'abbassamento degli standard dell'istruzione ha prodotto: inflazione dei titoli di studio, rallentamento della produttività, riduzione della mobilità sociale, frustrazione collettiva. Questo secondo pilastro è in gran parte opera della mia generazione, anche se

– va detto – sarebbe stato impensabile se il primo pilastro non fosse stato già costruito dalla generazione precedente. È proprio perché i nostri padri ci avevano messo nelle condizioni di non lavorare, o lavorare tardi, o lavorare poco, che ci siamo potuti permettere il lusso di abbassare l'asticella degli studi, nella scuola come nell'università. Non è questo che molti di noi volevano, ma è andata così.

Il terzo pilastro, il più recente, è la formazione in Italia di una infrastruttura paraschiavistica. Per "infrastruttura paraschiavistica" intendo, in particolare ma non solo,[27] l'occupazione massiccia di posizioni sociali infime, non di rado genuinamente servili, da parte di un nuovo gruppo sociale: gli stranieri provenienti dall'Est europeo, dall'Africa, e più in generale dai paesi (molto) meno ricchi del nostro. Questo è un processo iniziato in modo spontaneo negli anni ottanta, ma che ha ricevuto tre impulsi essenziali in altrettante occasioni: nel 1991, con la dissoluzione dell'Unione Sovietica; nel 2004-2007, con l'allargamento dell'Unione Europea ai paesi dell'Est; nel 2011, con le primavere arabe, l'intervento militare franco-anglo-americano in Libia, la caduta di Gheddafi. Si tratta, in un certo senso, di una terza generazione, più recente della mia e, a differenza delle prime due, prevalentemente costituita da non italiani.

Senza questi tre pilastri non saremmo mai divenuti una società signorile di massa.

2. Il risparmio dei padri

Qualche rozza cifra, per iniziare. Nel 1951, ossia pochi anni dopo la fine della seconda guerra mondiale, il potere di acquisto medio delle famiglie italiane era, ai prezzi attuali,[28] di circa 12.800 euro l'anno. È vero che i confronti a così grande distanza di tempo vanno presi con cautela, ma non si può non notare che quella cifra, grosso modo, corrisponde alla attuale soglia di povertà assoluta per la famiglia-tipo.[29] È come dire che il tenore di vita dell'italiano medio nel 1951 era più o meno quello che oggi l'ISTAT considera il minimo vitale.

Un risultato del genere non avrebbe stupito Marx, che non smise mai di sottolineare che il "lavoro socialmente necessario alla riproduzione della forza lavoro", ossia il minimo vitale, è un concetto relativo, storicamente condizionato. Ma non dobbiamo stupirci neppure noi, comuni osservatori della realtà. Chi fosse sconcertato da questo risultato, perché sa perfettamente che i ricchi, i borghesi, i ceti medi c'erano anche allora, rifletta sul fatto che il reddito pro capite è una media di Trilussa: io ho due polli, tu nei hai zero, quindi in media abbiamo un pollo a testa. Nei primi anni cinquanta gli italiani con zero polli erano tantissimi, e la loro mera esistenza fa sì che quel reddito medio – che a noi oggi sembra al limite della sopravvivenza – fosse a sua volta la media fra il reddito ben più basso dei poverissimi e il più che decoroso reddito dei ceti medi e dei ricchi.

Quanto tale reddito dei poverissimi fosse letteralmente "da fame" lo testimoniano innumerevoli fonti, dal cinema neo-realista, pieno di storie di povertà estrema, alla stampa quotidiana, in cui ricorreva spesso il "dramma dei tuguri" in cui ancora abitavano milioni di persone.[30] Del resto il censimento del 1951 sta lì a documentarlo: su 100 abitazioni, solo il 10.4% era dotato di un bagno, mentre oltre il 51.5% doveva accontentarsi di una "latrina esterna" o addirittura era privo di qualsiasi servizio.

Oggi, rispetto ai primi anni cinquanta, il potere di acquisto medio è quasi quadruplicato: la famiglia media ha un reddito annuo di 46.000 euro, e per di più è molto meno numerosa. Se, anziché il reddito familiare, considerassimo il reddito equivalente,[31] dovremmo concludere che il potere di acquisto è oggi quasi cinque volte il livello del 1951. Se poi avessimo abbastanza dati per scorporare da queste cifre il reddito degli immigrati, il miglioramento del nostro tenore di vita risulterebbe ancora più evidente; un calcolo approssimativo suggerisce che, al netto degli immigrati, il reddito familiare medio dei cittadini italiani (compresi gli italiani poveri) sfiori i 50.000 euro l'anno. Una cifra che, in media, si ripartisce su poco più di due persone, diversamente da quel che accadeva negli anni cinquanta, in cui la famiglia-tipo era composta da quattro persone.

Ma quando e come abbiamo raggiunto questi livelli di benessere?

51

Una ricognizione storica dell'evoluzione del potere di acquisto dal 1951 a oggi rivela che, in realtà, l'enorme progresso che oggi registriamo rispetto alla situazione del dopoguerra si è interamente realizzato nell'arco di vita della prima Repubblica: il livello di reddito attuale era stato già raggiunto all'inizio degli anni novanta, e dopo di allora si è limitato a oscillare intorno a quel livello (25.000 euro pro capite).

Evoluzione del potere di acquisto pro capite

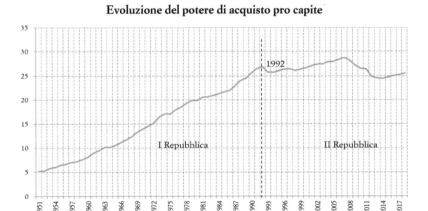

Fig. 6. Potere di acquisto pro capite (reddito equivalente, migliaia di euro) *Fonte*: FDH su dati ISTAT.

È stata dunque la generazione che ha visto la guerra, e in parte quella dei suoi figli, che nel giro di circa trentacinque anni (dal 1946 al 1992), con il lavoro e con il risparmio, ha consentito a un paese povero e ancora largamente agricolo di diventare una delle prime potenze industriali del pianeta.

L'aumento del reddito e quindi del potere di acquisto non è però l'unico ingrediente del nostro benessere. L'altro ingrediente fondamentale è stato, fino all'inizio degli anni novanta, l'elevatissimo tasso di risparmio delle famiglie, che ha permesso ai nostri padri di accumulare un patrimonio ingente, fatto di case, depositi, azioni, obbligazioni, titoli di stato. Nel 1951 la ricchezza media della famiglia italiana, valutata ai prezzi attuali, era di circa 100.000 euro. Quarant'anni dopo, ossia all'inizio degli anni novanta, era salita a circa 350.000 euro, da allora – pur fra molte oscillazioni – fluttua poco sotto i 400.000 euro.

Si potrebbe pensare che, all'origine dell'aumento della nostra ricchezza, vi sia essenzialmente lo spirito di sacrificio e la laboriosità delle due generazioni che si sono succedute dopo la fine della guerra. È così, ma non è tutto. Un contributo fondamentale all'aumento della ricchezza è venuto anche da altre due fonti: il debito pubblico e le bolle speculative sui mercati finanziari e immobiliari.

Nel quarto di secolo che va dalla crisi del 1964 (la cosiddetta "congiuntura") alla firma dei trattati di Maastricht (1992), la nostra ricchezza è cresciuta anche grazie a un'imponente espansione del debito pubblico, che ha permesso agli italiani, specie negli anni settanta (gli anni della stagflazione), di accrescere sia il proprio reddito disponibile (alimentato dai trasferimenti statali), sia il proprio patrimonio grazie ai ricchi dividendi dei titoli di stato emessi per finanziare l'aumento della spesa pubblica.[32] È soprattutto nel trentennio che va dalla fine del miracolo economico (1964) all'esordio della seconda Repubblica (1994) che l'Italia si trasforma in "una repubblica fondata sulle rendite",[33] in cui la quota di reddito che va ai salari e ai profitti, ossia al cuore del sistema produttivo, si riduce irrimediabilmente a favore dei redditi che non sgorgano direttamente da esso, perché sono il risultato dell'interposizione pubblica e delle innumerevoli sacche di privilegio che essa genera.

Nel quarto di secolo successivo, ossia dalla prima metà degli anni novanta a oggi, la ricchezza ha continuato a crescere (mentre il reddito ristagnava), ma questa volta non più grazie ai risparmi delle famiglie (come fino al 1992), o grazie all'emissione di debito pubblico, bensì in base al mero apprezzamento del valore degli asset, specie delle case. Un processo che si prolunga fino allo scoppio delle bolle immobiliari e finanziarie fra il 2007 e il 2011, quando la ricchezza cresciuta su sé stessa comincia all'improvviso a sgonfiarsi.

Alla fine della lunga crisi degli anni duemila, il potere di acquisto del reddito è praticamente identico a quello di trent'anni fa, ma il valore reale della ricchezza si colloca, a dispetto della crisi, sensibilmente sopra il livello dei primi anni novanta (+20%). Non solo ma, in rapporto al reddito disponibile, ancora oggi in Europa c'è solo un fazzoletto di terra più patrimonializzato dell'Italia, quello che riunisce Olanda, Belgio e Danimarca: tutti gli altri paesi, compresa la Germania, il Regno Unito, la Francia sono meno patrimonializzati di noi.[34]

Dunque, i dati ci dicono che anche negli ultimi, assai meno dinamici, trent'anni, a dispetto della lunga crisi iniziata nel 2007-2008, il potere di acquisto complessivo degli italiani è aumentato in modo apprezzabile. Solo che, ora, il miglioramento del tenore di vita è affidato esclusivamente alla dinamica della ricchezza, case e risorse finanziarie, e non più alla dinamica dei redditi.

È una situazione per molti versi opposta, per non dire capovolta, rispetto a quella degli anni cinquanta e dei primi anni sessanta. Nel periodo che va dal 1951 al 1963 (ultimo anno del miracolo economico), i redditi crescevano molto velocemente perché la gente cercava di migliorare la propria condizione puntando sul lavoro, mentre la ricchezza patrimoniale risultava addirittura calante, causa la stasi dei prezzi delle abitazioni[35] e lo scarso sviluppo dei mercati finanziari.

Dopo il 1963 i due trend, del reddito e della ricchezza, si invertono: ora e per sempre, ossia fino ai nostri giorni, sarà la ricchezza a crescere molto più velocemente del reddito, non solo perché aumenta la domanda di abitazioni e di strumenti finanziari, ma perché, poco per volta, si ridu-

ce l'offerta di lavoro. Contrariamente a quanto si sarebbe
potuto ipotizzare, la ristrutturazione dell'industria italiana dopo il 1964, con il licenziamento delle fasce più deboli della forza lavoro (giovani, donne, anziani), non provoca
un aumento corrispondente della disoccupazione, ma induce milioni di lavoratori a ritirarsi dal mercato del lavoro. E il punto di svolta, sorprendentemente, è esattamente
lo stesso, il 1964, primo anno del dopoguerra in cui l'Italia
sperimenta una riduzione del PIL: un evento nuovo, che in
quell'epoca non veniva indicato con il termine negativo recessione, ma con il termine più neutro "congiuntura", quasi a sottolineare la natura passeggera di quel momento di
difficoltà dell'economia.

A partire da allora, quasi di colpo, la ricchezza inizia
a crescere più del reddito, e il numero di soggetti completamente inoccupati comincia a crescere molto più rapidamente del numero di occupati a tempo pieno. Il grado di
patrimonializzazione delle famiglie, ossia il rapporto fra patrimonio e reddito, è ancora basso (circa 4), molto più basso di oggi (quasi 9), ma il solo fatto che la riserva di valore
su cui ogni famiglia può contare sia in aumento, e cresca
più del reddito, basta ad allentare la spinta al lavoro, che
fino alla fine del miracolo economico era stata fortissima.
Ora, per la prima volta dall'Unità d'Italia, gli italiani che
non lavorano sono più numerosi di quelli che lavorano, e
lo scopo dominante di quelli che lavorano, spesso facendo

gli straordinari o un secondo lavoro, sta diventando sempre più l'acquisto della casa e di tutto ciò che le è connesso.

È qui, nel cuore degli anni sessanta, che la società signorile di massa inizia a prendere forma. Perché è da allora che il non-lavoro è divenuto prevalente rispetto al lavoro, ed è da allora che, grazie allo spirito di sacrificio dei padri, è decollato quel processo di iperpatrimonializzazione che della società signorile di massa è un pilastro essenziale.

3. Distruzione della scuola e disoccupazione volontaria

Ma c'è un altro processo fondamentale che negli anni sessanta ha inizio: la progressiva distruzione della scuola e dell'università come luoghi di formazione che richiedono un duro impegno, e in cambio promettono un incremento sostanziale delle conoscenze e delle abilità, certificato da un titolo di studio credibile.

Non mi soffermerò qui sugli innumerevoli studi che, negli ultimi cinquant'anni, hanno raccontato e documentano l'abbassamento del livello effettivo di istruzione, sia in Italia sia negli altri paesi avanzati.[36] Perché l'abbassamento dell'asticella può essere giudicato nei modi più diversi, e persino lodato come misura sacrosanta e democratica, ma è difficile da negare. Avendo frequentato le aule scolastiche e universitarie – prima come studente, poi come docente di sociologia e di analisi dei dati – per oltre sessant'anni, dal 1956 a oggi, posso testimoniare direttamente quel che è successo.

Lo riassumerei così: quello dell'istruzione è l'unico settore della società italiana in cui la produttività è in costante diminuzione da oltre mezzo secolo.

Che cos'è la produttività dell'istruzione?

Una definizione informale ma intuitivamente chiara è la seguente: la produttività è l'inverso del numero di anni necessari per raggiungere un determinato grado di organizzazione mentale. Supponiamo di assumere, come metro, il livello di organizzazione mentale – conoscenze, padronanza del linguaggio, capacità logiche – di un diplomato di terza media del 1962, l'ultimo anno prima dell'introduzione della scuola media unica. A lui erano occorsi otto anni di studio per raggiungere quel livello. Quanti ne occorrono oggi per raggiungere un livello comparabile?

Qui la risposta si fa più complicata, perché dipende da tante cose: quali tipi di liceo si sono frequentati, in quali facoltà/dipartimenti ci si è laureati, in quale zona d'Italia si è studiato (il livello medio effettivo di istruzione al Sud è molto più basso di quello del Nord e del Centro). Ognuno avrà la sua risposta, la mia ad esempio è che per ottenere quel livello di organizzazione mentale oggi siano necessari da un minimo di cinque anni in più (se si è frequentato un buon liceo classico) a un massimo di tredici anni in più (se occorre addirittura un dottorato di ricerca per recuperare pessimi studi precedenti). E se proprio devo buttare lì un numero, giusto per fissare le idee, direi che otto anni in più, rispetto agli otto anni necessari a conseguire la licenza media, è già una stima piuttosto benevola dell'abbassamento della produttività dell'istruzione intervenuto negli ultimi cinquant'anni, dalla fine degli anni sessanta a oggi. Perché, se mi baso sulla mia esperienza di docente universitario, non posso non constatare che la padronanza della lingua italiana (tuttora richiesta dalla maggior parte dei concorsi pubblici), che eviterebbe ai docenti di impegnarsi in defatiganti correzioni ortografiche e sintattiche delle tesi di laurea, è presente in una minoranza dei laureati, mentre ancora a metà degli anni sessanta era per così dire "automaticamente incorporata" nel titolo di terza media inferiore.[37] Insomma: in mezzo secolo la produttività dell'istruzione è, come minimo, dimezzata.

Ma quali sono le conseguenze di questi processi?

Sfortunatamente, di quelle meno importanti molto si parla, su quelle importanti si preferisce sorvolare.

Fra le conseguenze meno importanti, una delle più citate è l'inflazione dei titoli di studio, ovvero il fatto che per fare certi mestieri e professioni siano oggi richiesti titoli di studio più elevati, quindi più anni di studio, con conseguenti maggiori spese per le famiglie. Studiatissima dai sociologi,[38] l'inflazione dei titoli di studio e la conseguente inflazione delle aspettative indotte dalla scuola di massa vengono accusate soprattutto di non aver aumentato la mobilità sociale e di avere creato un esercito di giovani frustrati e disillusi.

Meno studiate e denunciate sono però altre conseguenze. La prima è che la pressione a promuovere ha enormemente infiacchito la capacità dei giovani di affrontare compiti difficili, di concentrarsi, di memorizzare conoscenze. La seconda conseguenza è che sia la lunghezza degli studi (con i suoi costi), sia l'abbassamento degli standard, hanno finito per danneggiare i ceti popolari, riducendone anziché alzandone le chances di mobilità sociale: la scuola lunga e di bassa qualità è infatti un enorme regalo ai ceti alti, che grazie al loro denaro possono permettersi di far studiare i figli fino a tarda età, e grazie al loro potere e alla loro rete di conoscenze possono controbilanciare l'assenza di un'istruzione adeguata.

Ma la conseguenza di gran lunga più importante dell'abbassamento dell'asticella è ancora un'altra. La scuola senza qualità[39] ha generato un fenomeno nuovo, che è anche il secondo pilastro della società signorile di massa: la disoccupazione volontaria. Vediamo come, attraverso quale concatenazione di cause e di conseguenze, ci si arriva.

Il primo passo (1962) è la riforma dell'istruzione postelementare, un tempo suddivisa fra "avviamento professionale" e scuola media. Con l'istituzione della scuola media unica, imponendo a tutti un corso di studi non professionalizzante (qual era invece il vecchio avviamento), si instaura un primo importantissimo meccanismo: a quattordici anni, nessuno è in grado di fare un lavoro minimamente qualificato, ma in compenso chiunque può accedere a *qualsiasi* tipo di scuola secondaria: licei classici e scientifici, istituti tecnici e professionali, scuola magistrale e liceo artistico. Si affievolisce così l'idea che, per fare certi tipi di studio, sussistano dei prerequisiti, come aver avuto una istruzione scientifico-umanistica per frequentare un liceo, e una istruzione tecnico-professionale di base per proseguire lungo un percorso di quel tipo. Il colpo di grazia all'idea dei prerequisiti, comunque, arriva sette anni dopo (1969), con la liberalizzazione degli accessi universitari. Ora chiunque può aspirare a qualsiasi tipo di studi universitari, quale che sia il diploma di scuola secondaria conseguito e quale che sia la votazione con cui lo ha conseguito.

Ma siamo solo all'inizio. Di fronte alle riforme del 1962 e del 1969, le istituzioni scolastiche non stanno certo a guardare. Investite da masse di nuovi studenti, bombardate dal donmilanismo dilagante (*Lettera a una professoressa* è del 1967), secondo cui la scuola dell'obbligo non può bocciare, investite dalla contestazione studentesca, che nelle università esige il diciotto politico (ma talora anche il ventisette o il trenta), le istituzioni si adattano. La maggior parte dei docenti, nelle scuole e ancor più nelle università, comincia ad abbassare gli standard,[40] e continua a farlo per decenni. Io stesso devo ammettere: se oggi pretendessi dai miei studenti, non dico quel che i miei docenti pretendevano da me, ma quello che io stesso pretendevo anche solo venticinque anni fa, non riuscirei a promuoverne più di uno su dieci.

Di qui una conseguenza cruciale: poiché i percorsi di studio sono divenuti molto più facili, e i pezzi di carta fioccano, si estingue poco per volta sia l'idea che lo studio comporti impegno e sacrificio, sia l'idea che la scelta di una scuola o di un'università debba anche essere oculata, ovvero commisurata alle proprie forze e alla propria determinazione. Del resto è la semplice osservazione della realtà che sospinge in questa direzione: se bene o male la maggioranza degli iscritti ce la fa a diplomarsi e a laurearsi, non sembra esservi motivo per chiedersi se si è adatti a un certo percorso. E se il certificato alla fine lo si ottiene, non sembra esservi motivo per pensare di non essere all'altezza di svolgere il mestiere o professione cui quel certificato rimanda.

Qui però interviene il passaggio cruciale. Mentre le istituzioni educative si sono adattate, né le imprese né il mercato hanno fatto altrettanto. Anche oggi, e nonostante qualche inquietante eccezione, per svolgere determinati mestieri (in proprio o alle dipendenze), il fatto di averne la capacità ancora un po' conta. Per fare il magistrato, l'avvocato, il funzionario, il vigile, ci sono prerequisiti minimi, che i pubblici concorsi si premurano di verificare. Può così accadere che, con una laurea in giurisprudenza in tasca, nessuno dei concorrenti arrivi all'orale di un concorso da funzionario di settimo livello perché, ahimè, l'esito degli scritti non lascia scampo. Lasciamo la parola al presidente della commissione esaminatrice:

> Purtroppo errori e inesattezze erano così evidenti che non è stato possibile ammettere nessun candidato. Siamo stati sorpresi non solo dall'impreparazione dei candidati su alcuni argomenti, ma dagli errori di ortografia e sintassi, cose che si dovrebbero imparare alle elementari, e invece, dopo una laurea, non sono ancora state assimilate.[41]

Né si tratta solo di capacità e conoscenze, ma anche di consapevolezza che un lavoro è – appunto – un lavoro, qualcosa che comporta di sacrificare una parte del proprio tempo e, in alcuni casi, richiede un'elevata dose di flessibilità negli orari. È noto, ad esempio, che in molte città italiane del Nord, orari, ferie e weekend liberi sono le prime richieste che gli aspiranti a un posto di lavoro formulano a chi li dovrebbe assumere. L'aneddotica in proposito è impressionante, specie nel settore della ristorazione, in cui ovviamente sono richiesti orari e giorni particolari (un ristorante lavora prevalentemente la sera, e non può certo chiudere il venerdì e il sabato). Giusto per dare un'idea, riporto alcuni passaggi di una intervista rilasciata a *Repubblica*[42] da Patrick

Ricci, pizzaiolo tra i migliori d'Italia, che ha un locale a San Mauro Torinese e in otto mesi non è riuscito a coprire un posto da cameriere, per cui cercava diplomati con meno di trent'anni. Dopo aver rivelato, con sorpresa, che spesso a chiamare al telefono per informazioni non sono i giovani direttamente interessati bensì le mamme, continua così:

Ce ne sono alcune [mamme] che mi hanno fatto delle richieste assurde. Una mi ha chiesto se il figlio fosse obbligato a venire tutti i giorni lavorativi, o se invece potesse lavorare saltuariamente o fare giornate più corte perché non era abituato a così tante ore di lavoro. Un'altra mi ha detto stizzita che non aveva messo al mondo un figlio per farlo lavorare di sera. Ma parliamo di sei giorni alla settimana per un totale di quaranta ore.

E così prosegue:

C'è chi chiede eccezioni sull'orario, di arrivare un po' più tardi ad esempio. O prima. O anche di non lavorare nel weekend o nei festivi, giorni in cui in un'attività di ristorazione c'è più affluenza. Un giovane voleva stare a casa il sabato perché la sua ragazza altrimenti si incazza. Una ragazza mi ha chiesto di poter portare con sé il figlio e di lasciarlo in sala durante il servizio perché non si fida di una baby-sitter, un'altra che il venerdì sarebbe dovuta arrivare più tardi perché ogni settimana quel giorno va dal parrucchiere.

Per poi concludere amaramente:

> Sto capendo come si consideri ormai il lavoro nel settore della ristorazione come un ripiego, una possibilità di arrotondare o di opportunità stagionali e non una professione [...]. Abbiamo bisogno di una persona fissa e non la troviamo. Ma siamo così sicuri che manchi proprio tanto il lavoro e che ci sia tutta questa volontà di lavorare?

Non si potrebbe spiegare meglio di così, credo, perché tanti posti di lavoro, per quanto ben remunerati, restano scoperti o vengono occupati da immigrati.

Ed eccoci al punto. L'abbassamento degli standard non si è limitato a ridurre la produttività delle istituzioni educative, a danneggiare i ceti popolari, a mettere in difficoltà i datori di lavoro, ma ha creato un gigantesco fenomeno sociale nuovo: la disoccupazione volontaria, specie giovanile.

Per disoccupazione volontaria si intende la condizione di chi non lavora non già perché non trova alcun lavoro, bensì perché non è disposto ad accettare i lavori che trova, o che potrebbe trovare. Per dirla con Elsa Fornero, già a suo tempo massacrata per averlo notato: i giovani italiani non trovano lavoro anche perché sono un po' troppo *choosy*.

È subito il caso, a questo punto, di sgombrare il campo da un possibile equivoco. Il fenomeno della disoccupazione volontaria non è interessante nei casi estremi (o meglio banali in quanto estremi), come il laureato in architettura che non accetta di spaccarsi la schiena sotto il sole di agosto per raccogliere pomodori a 3 euro l'ora. O la commessa che rifiuta un lavoro in nero, o con un salario sensibilmente inferiore ai minimi contrattuali. O il giovane che non intende firmare un contratto-capestro nel settore del delivery, il vasto mondo in espansione delle consegne a domicilio.

No, la disoccupazione volontaria comincia a essere un fenomeno sociologicamente interessante quando un lavoro viene rifiutato non perché la proposta è palesemente irricevibile (come nei tre esempi precedenti), ma in quanto ritenuto non all'altezza delle proprie capacità, del proprio talento, o semplicemente degli standard di reddito e di prestigio che si ritengono adeguati ai propri studi. Credo sia stato Pierre Bourdieu il primo, negli anni settanta, ad attirare l'attenzione sul curioso fenomeno per cui nella società del benessere, caratterizzata dall'istruzione di massa, all'individuo diventa possibile, per non dire naturale, sdoppiarsi fra un finto sé – che accetta compromessi e si accontenta di sbarcare il lunario con il lavoro che trova – e il proprio vero sé, che si pensa addirittura protagonista di un'altra vita, in cui fa un'altra professione, anzi la vera professione che gli compete, l'unica all'altezza dei suoi meriti e dei suoi sogni.

In un brillante saggio pubblicato nel 1978 (*Classement, déclassement, reclassement*), parlando dei figli della borghesia minacciati di declassamento, Bourdieu così spiegava la tendenza a evitare le professioni dai limiti e dal profilo ben tracciati, e a dirigersi invece verso professioni nuove, o dai confini mal definiti:

> L'avvenire indeterminato che esse [le professioni] prospettano, privilegio fino a ieri riservato agli artisti e agli intellettuali, permette di fare del presente una sorta di *sospensione continuamente rinnovata,* e di trattare ciò che la lingua di un tempo chiamava uno *stato,* come una condizione provvisoria, allo stesso modo del pittore che, lavorando nella pubblicità, continua a considerarsi un "vero" artista e a protestare che questo mestiere mercenario non è che una occupazione temporanea, ch'egli abbandonerà non appena avrà guadagnato abbastanza per assicurarsi un'indipendenza economica.

Ora la realtà è andata molto oltre l'immaginazione di Bourdieu (del resto sono passati più di quarant'anni). Ora chi si pensa degno di un'altra vita, di un'altra professione, di un altro reddito, di un altro status, non sceglie di vivere in due dimensioni parallele, una falsa (ma effettiva), l'altra immaginaria ma ritenuta autentica. Ora la dimensione immaginaria (quella del proprio sé autentico), anziché coesistere con l'accettazione provvisoria di un lavoro inadeguato, si risolve nella pura e semplice rinuncia al lavoro, nell'attesa dell'occasione propizia, capace di offrire quel che si ritiene di meritare. Una fenomenologia splendidamente descritta da Raffaele Alberto Ventura, in un saggio significativamente intitolato *Teoria della classe disagiata*, che racconta le autoillusioni e il disinganno di un'intera generazione.

Nell'uno e nell'altro caso, accettare un lavoro (ritenuto) non alla propria altezza, o aspettare a tempo indeterminato l'occasione giusta, un ruolo decisivo è stato svolto dalla distruzione della scuola. O meglio: dalle false credenze e dalle illusioni che l'abbassamento dell'asticella ha permesso di coltivare.

Proprio perché, per decenni e decenni, hanno continuato a rilasciare certificati che nulla garantiscono, la scuola e l'università hanno reso possibile, a milioni di giovani e meno giovani, credersi in possesso di abilità e talenti che il mondo del lavoro, meno idealista e superficiale di quello della cultura, non sempre scorgeva, e meno che mai si sognava di riconoscere.

Ma tutto questo, da solo, non avrebbe portato a quello cui assistiamo, ossia alla formazione di un esercito di disoccupati volontari, se accanto alla demolizione della scuola non avesse agito l'altra potentissima forza che ha cambiato la condizione e le preferenze dei cittadini italiani: l'aumento del benessere e della ricchezza, di cui abbiamo parlato più sopra. Un aumento che non è avvenuto attraverso una crescita corrispondente della capacità produttiva, della produttività e del prodotto, bensì attraverso la dilatazione del debito pubblico che dal 1965 in poi, ma specialmente nel ventennio 1975-1995, ha regalato agli italiani più reddito di quanto ne veniva prodotto.[43]

Fig. 7. Eccesso del reddito disponibile totale rispetto al PIL.
Fonte: FDH su dati ISTAT.

Questa anomalia, tempestivamente segnalata dagli osservatori della realtà italiana più coraggiosi,[44] assume dimensioni sempre più abnormi nel corso degli anni settanta e ottanta, ed è per molti versi all'origine delle difficoltà odierne dei giovani. È in quegli anni, infatti, che si producono i tre macigni contro cui cozza la gioventù attuale:

(a) i redditi concessi dalle imprese e dalla pubblica amministrazione sono in linea con gli standard europei, ma eccessivi rispetto alle capacità produttive dell'Italia;

(b) i titoli di studio rilasciati dalla scuola e dall'università sono eccessivi rispetto alle capacità e alle conoscenze effettivamente trasmesse;

(c) la scolarizzazione di massa moltiplica il numero di aspiranti a posizioni sociali medio-alte, ma il numero di tali posizioni resta sostanzialmente invariato.

È da questi processi che deriva la speciale condizione della "classe disagiata". Che può aspirare a redditi elevati e a posizioni di prestigio perché i titoli rilasciati da scuola e università certificano la legittimità delle sue aspirazioni. E può permettersi di rifiutare le offerte di lavoro che percepisce come inadeguate perché la generazione dei padri ha accumulato una quantità di ricchezza senza precedenti.

Senza quella riserva di valore, fatta di case, depositi bancari, strumenti finanziari, la scelta di non lavorare poggiando sul reddito di chi lavora sarebbe stata semplicemente inconcepibile. Senza decenni di risparmio dei padri l'Italia non avrebbe il record europeo del numero di NEET, ossia di giovani che non lavorano, non studiano, non sono impegnati in alcun percorso di formazione (NEET sta per: *Not in employment, education or training*).

70

NEET **25-29**

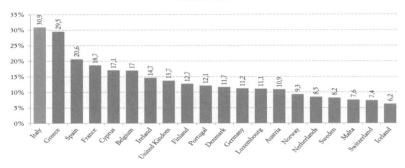

Fig. 8. Percentuale di NEET totali (disoccupati + inattivi) nei paesi europei avanzati (2018).
Fonte: EUROSTAT.

Come si vede dal diagramma, in Italia i NEET sono oltre il 30% dei giovani fra venticinque e ventinove anni (quasi uno su tre), contro il 18.7% della Francia, il 13.7% del Regno Unito, l'11.2% della Germania, il 7.4% della Svizzera. Persino la Grecia e la Spagna, due paesi afflitti da tassi di disoccupazione giovanile altissimi, stanno meno peggio di noi, con il 29.5% (Grecia) e il 20.6% (Spagna) di NEET.

Difficile non collegare questo triste primato ai due primi pilastri su cui poggia la società signorile di massa: decenni di sacrifici e di risparmi dei padri, che hanno di molto accresciuto la ricchezza accumulata, decenni di smantellamento delle istituzioni educative, che hanno consentito alle aspirazioni giovanili di crescere a dispetto del declino delle capacità effettive.[45] La disoccupazione volontaria, di cui i NEET sono la manifestazione più evidente, è il prodotto naturale di questi processi.

4. *L'infrastruttura paraschiavistica*

Risparmio dei padri e distruzione della scuola sono due pilastri fondamentali della società signorile di massa. Ma da soli non basterebbero. C'è un terzo pilastro che è altrettanto essenziale, perché in sua assenza essa non funzionerebbe, o meglio non potrebbe funzionare come società signorile.

Questo terzo pilastro è l'esistenza, al suo interno, di una vasta infrastruttura paraschiavistica.

Per infrastruttura paraschiavistica intendo una serie di situazioni nelle quali una parte della popolazione residente (spesso costituita da stranieri) si trova collocata in ruoli servili o di ipersfruttamento, perlopiù a beneficio di cittadini italiani. Una condizione che, nel caso degli immigrati, è aggravata dall'impossibilità di esercitare il diritto di voto, proprio come gli schiavi veri e propri nell'antica Grecia, culla e origine della democrazia.[46]

Le dimensioni quantitative di questa infrastruttura paraschiavistica sono sconosciute, perché una parte considerevole del lavoro erogato dai "subordinati" o "sottomessi" (così, per brevità, ci riferiremo d'ora in poi ai soggetti nella condizione paraschiavistica) è in nero, o addirittura in condizioni di totale illegalità. Ma possiamo ugualmente farcene un'idea passandone in rassegna i principali segmenti, che si potrebbero classificare così.

Segmento I. Lavoratori stagionali, perlopiù di origine africana (ma talora anche italiani),[47] ipersfruttati nei campi – specie ma non solo nel Mezzogiorno – per la raccolta dei pomodori, delle olive, degli agrumi, di varie specie di frutti e ortaggi.

Qui, in molti casi, la condizione dei lavoratori è quasi letteralmente di tipo schiavistico, sia per le condizioni di vita estreme (tendopoli, baraccopoli, container), sia per le modalità di reclutamento (fondate sul caporalato), sia per le paghe, il cui livello è così basso da assicurare a malapena la sopravvivenza fisica dei lavoranti. Nessuno sa di quante persone stiamo parlando, anche perché l'attenzione degli studiosi è scarsa e quella dei media è concentrata sui casi singoli e sugli aspetti più tragicamente spettacolari del fenomeno, come incidenti mortali, incendi delle baracche, sparatorie, storie di vita drammatiche e commoventi.

Alcune stime parlano di 100.000 lavoratori ipersfruttati nei campi, ma temo che una valutazione realistica dovrebbe andare decisamente oltre. A questa convinzione sono approdato passando in rassegna le numerose stime che sono circolate su specifiche realtà locali, ad esempio: oltre

3000 immigrati nella sola piana di Gioia Tauro; ben 21.000 immigrati nella sola provincia di Foggia; circa 10.000 sikh, spesso reclutati direttamente in India, nella sola provincia di Latina. Se teniamo conto del fatto che molte di queste stime, oltre a essere relative a un territorio ristretto, si riferiscono a segmenti particolari del mercato agricolo (i pomodori; le arance ecc.), e che forme di ipesfruttamento della manodopera immigrata sono diffuse in quasi tutte le regioni italiane, una stima di 200.000 ipersfruttati mi sembra più verosimile che una di 100.000.

Segmento II. Prostitute, in maggioranza straniere, tenute in regime di totale sottomissione da parte di organizzazioni criminali.

Il fenomeno si è sviluppato in varie ondate, ma ha subito alcune accelerazioni in corrispondenza della dissoluzione dell'Unione Sovietica (1989-1991), della disgregazione della Jugoslavia (1991-2003), dell'intensificazione dei flussi migratori dall'Africa (2011-2017). Secondo un'indagine del CODACONS,[48] sia il fatturato, sia il numero delle operatrici sono notevolmente aumentati (di quasi il 30%) nei primi anni della crisi, anche per effetto della diffusione della prostituzione via web.

In questo segmento la condizione di subordinazione è duplice. Le ragazze in condizione di totale subordinazione, spesso approdate in Italia con la promessa di un lavoro normale, sono tali sia verso gli aguzzini-protettori, sia verso i "signori", in maggioranza italiani, che ne comprano i servizi.

Quante sono? E quanti sono i "signori" che usufruiscono delle loro prestazioni?

Tenuto conto che le stime sul numero totale di prostitute oscillano fra le 75.000 e le 120.000 unità, che il 65% si prostituisce per strada, che oltre la metà sono straniere (specie nigeriane e dell'Europa dell'Est), sembra ragionevole ipotizzare che l'ordine di grandezza della componente più vulnerabile, che non esercita alcun controllo sulle proprie condizioni di lavoro, si aggiri sulle 50.000 unità, più o meno la metà del totale delle prostitute.

A fronte di esse, diversi milioni di clienti,[49] prevalentemente italiani, in misura non trascurabile appartenenti agli strati medio-alti della popolazione.

Segmento III. Persone di servizio, in larga maggioranza donne, che svolgono varie mansioni domestiche presso le famiglie.

Si tratta di persone che, prima dell'avvento del politicamente corretto, erano denominate con espressioni che oggi ci appaiono crude: donna delle pulizie, domestica, cameriera, serva. Ora preferiamo usare termini più rispettosi della dignità di qualsiasi lavoro, come collaboratrice familiare (colf) o badante, ma non posso non notare, come sociologo, che questa terminologia svolge anche un'importantissima funzione latente: quella di occultare l'ampiezza che, nelle nostre ricche società moderne, ha assunto il settore delle persone che sono "al servizio" di qualcun altro. Un'ipocrisia che, già una quarantina di anni fa, non era sfuggita alla scrittrice Natalia Ginzburg, che dalle pagine del quotidiano comunista *l'Unità* aveva la franchezza di scrivere:

> Sempre per la stessa motivazione ipocrita, le donne di servizio vengono chiamate colf, collaboratrici domestiche, con un'abbreviazione che si reputa graziosa. Però noi tendiamo abitualmente a non collaborare affatto alle faccende domestiche o a collaborare molto poco e le cosiddette *colf* nelle nostre case fanno tutto loro.[50]

Quante sono le persone di servizio in Italia? E quante sono le famiglie che hanno una "donna di servizio" o un domestico?

I dati ufficiali, che si basano sulle dichiarazioni all'INPS, indicano – per il 2017 – 865.000 soggetti, con tendenza all'aumento nonostante la crisi[51] (+26% fra il 2008 e il 2017). A questo insieme, in cui le donne (88%) prevalgono nettamente sugli uomini, e gli stranieri (73%) sugli italiani, bisogna naturalmente aggiungere il vasto esercito del personale domestico che lavora in nero, talora presso una sola famiglia, più spesso presso una pluralità di famiglie. Una recente ricerca condotta da Domina[52] in collaborazione con la Fondazione Leone Moressa, stima in circa 2 milioni la consistenza totale del lavoro domestico in Italia, di cui oltre 1.1 milioni in nero. Altre ricerche,[53] precedenti, forniscono dati un po' diversi, ma la percentuale di lavoratori parzialmente o totalmente in nero del settore viene concordemente valutata intorno al 60%.

Quanto alle famiglie che ricorrono a personale domestico, una quantificazione è davvero ardua, perché la maggior parte dei lavoratori domestici non è convivente e molto spesso è al servizio di più di una famiglia, alle volte anche di sei-sette famiglie, ovviamente con orari ridotti. Tenuto conto che il personale domestico convivente è pari al 35% del segmento regolare, e che la quota dei conviventi dovrebbe abbassarsi drasticamente fra il personale irregolare, possiamo stimare in circa 450.000 persone[54] il numero di domestici conviventi. Assumendo che per il restante personale le famiglie servite da ogni domestico siano mediamente due, si perviene a un totale di circa 3 milioni e mezzo di famiglie che utilizzano lavoro domestico, su un totale di 26 milioni di famiglie (più o meno una famiglia ogni sette). Ma questa cifra potrebbe anche essere largamente sottostimata: è infatti possibile che il numero di colf e badanti in nero sia sensibilmente maggiore di 1 milione, ed è possibile che il numero medio di famiglie su cui una singola colf si divide sia più alto. Una stima basata su altre ipotesi[55] porta a circa 7 milioni (una su quattro) il numero di famiglie che ricorrono a personale domestico.

Nella nostra ricostruzione dell'infrastruttura paraschiavistica abbiamo incluso l'intero settore del lavoro domestico, a prescindere dal fatto che i relativi addetti lavorino in nero o siano assunti regolarmente con tanto di contributi, tredicesima, ferie, malattia, liquidazione. Lo scopo dell'analisi, infatti, non è di denunciare situazioni estreme o chiaramente illegali, cosa che lasciamo volentieri ai cronisti e alla sociologia d'assalto, ma solo di far rilevare quanto, nella società signorile di massa, sia esteso il settore nel quale si instaurano rapporti di servaggio o di dipendenza personale, a prescindere dal fatto che siano regolari o totalmente in nero.

Per lo stesso ordine di considerazioni nel conteggio non abbiamo incluso il vastissimo settore delle baby-sitter, dei fornitori di ripetizioni (insegnanti e studenti), dei dog e cat-sitter, che ci sembra più logico far rientrare nell'erogazione di servizi alle famiglie, un campo di attività spesso non spiacevoli (si pensi alle baby-sitter al seguito delle famiglie in vacanza), e quasi completamente svolte nella cosiddetta economia informale, al di fuori di ogni rigido "comando" sul lavoro.

Segmento IV. Dipendenti in nero, addetti a mansioni pesanti, usuranti o sgradevoli, sottopagati, licenziabili in ogni momento.

In questo segmento l'appartenenza a quella che abbiamo chiamato l'infrastruttura paraschiavistica non dipende, come nel caso precedente, dalla natura "servile" del lavoro, ma dal concorrere di tre circostanze: la pesantezza o sgradevolezza dei compiti, il livello della retribuzione, la più o meno completa assenza di tutele giuridiche o sindacali (dalla mancanza di contratto ai contratti-capestro).

In concreto, ho in mente situazioni come:

- i braccianti che, senza rientrare nel segmento I (lavoratori stagionali ammassati in grandi accampamenti-ghetto), lavorano senza contratto, con ritmi e paghe ampiamente inferiori a quelle sancite dai contratti nazionali;
- i lavoratori dell'edilizia, quasi sempre provenienti dall'Est e molto spesso privi di contratto;
- gli addetti alle consegne di mobili, elettrodomestici e beni pesanti per conto di grandi catene, in maggioranza stranieri, spesso sottopagati, e quasi sempre operanti in condizioni di lavoro estreme, sotto il comando di datori di lavoro e padroncini che operano ai limiti della legalità, quando non decisamente al di fuori di essa.

Quanti sono questi lavoratori?

Difficile dirlo, non solo perché mancano i dati, ma perché la definizione del segmento IV qui proposta è puramente indicativa. Serve a ricordare che queste situazioni esistono, e non toccano una infima minoranza degli occupati.

Per avere un'idea, sia pure rozza e approssimativa, delle dimensioni di questo segmento, si potrebbe ipotizzare che vi rientrino almeno tutti i lavoratori dipendenti che l'ISTAT classifica come irregolari nei settori dell'agricoltura, dell'edilizia, e del sottosettore del "trasporto e magazzinaggio", tutti settori con un tasso altissimo di presenza di stranieri, con e senza contratto. Se facciamo questo calcolo, estremamente prudente perché ignora tutta l'industria in senso stretto, tutto il commercio, e tutto il settore dei servizi diversi dal trasporto e magazzinaggio, perveniamo a una stima di circa 450.000 lavoratori ipersfruttati.[56]

Provando a ricomporre il quadro abbiamo la situazione seguente.

Segmento		*Occupati (in migliaia)*
I	Stagionali concentrati nei ghetti	200
II	Prostitute di strada	50
III	Personale di servizio	2000
IV	Dipendenti in nero	450
TOTALE		2700

Tab. 1. Dimensioni dell'infrastruttura paraschiavistica in Italia.
Fonte: CENSIS, CODACONS, DOMINA, Fondazione Leone Moressa, INPS, ISMU, ISTAT.

Sommando i quattro segmenti si arriva a un totale di quasi 3 milioni di persone, in maggioranza straniere,[57] e presumibilmente quasi tutte collocate al di sotto o in prossimità della soglia di povertà assoluta.

Situazioni di confine

È il caso di osservare che, dal calcolo condotto fin qui, sono escluse tutte quelle situazioni in cui la condizione di sottomissione dipende solo dal basso livello dei salari e/o dalla mancanza di inquadramento contrattuale, come spesso accade per commesse, camerieri, pizzaioli, lavapiatti, portieri di albergo, segretarie, giusto per citare alcuni lavori in cui è drammaticamente frequente (e drammaticamente non sanzionato) il fatto che il datore di lavoro approfitti della debolezza del dipendente. Nel nostro calcolo, in altre parole, rientrano solo i lavori per cui è possibile rintracciare tracce e segni del classico rapporto di signoria, o perché è la natura del lavoro stesso a essere servile (segmento III: persone di servizio), o perché l'asimmetria di potere fra chi dà il lavoro e chi lo presta è estrema (segmenti I e IV: stagionali dei ghetti e dipendenti in nero), o perché la sottomissione è duplice, a un padrone-sfruttatore e a un cliente-signore (segmento II: prostitute). Ma è doveroso avvertire che una valutazione meno cauta della nostra potrebbe condurre ad allargare la platea paraschiavistica considerando alcuni mestieri che, in determinati contesti, e in presenza di datori di lavoro senza scrupoli, possono risultare assai duri, stressanti, usuranti o pericolosi, oltreché quasi sempre malissimo pagati e privi di adeguate tutele contrattuali.

Insomma noi abbiamo indicato quattro segmenti, ma se vi fossero più informazioni e più dati dovremmo aggiungere almeno altri tre segmenti (li chiameremo segmenti V, VI, VII), in cui far confluire una serie di casi che non rientrano nei tipi precedenti, ma configurano ugualmente condizioni di fragilità e subordinazione estreme.

Segmento V. Per mettere a fuoco questo segmento, dobbiamo partire da un dato di fondo, di cui parleremo più ampiamente nel prossimo capitolo: il consumo di sostanze illegali da parte della popolazione. Le poche stime disponibili indicano che il consumo di sostanze illegali (almeno una volta nella vita) ha toccato circa una persona su tre, mentre i consumatori abituali sono circa 8 milioni, di cui 2 per droghe pesanti come cocaina, eroina e droghe "chimiche" varie (Spice, NPS, LSD, Amfetamine ecc.).[58]

Dal momento che la vendita è illegale, il rifornimento dei consumatori avviene in misura rilevante, anche se non esclusiva,[59] attraverso la criminalità organizzata, che provvede ad acquisire la merce (prevalentemente dall'estero) e a distribuirla. La rete di distribuzione ha ovviamente una struttura gerarchica, con guadagni enormi al vertice (capi e trafficanti), guadagni elevati negli anelli intermedi della catena di comando (fornitori e caporali), guadagni da moderati a modestissimi, al limite della sopravvivenza, negli ultimi anelli della catena, dove vari tipi di pusher o spacciatori entrano in contatto con gli utilizzatori finali (perlopiù costituiti da persone normalissime) e un'ultimissima fila di "pali" – i meno pagati di tutta la catena – ha il compito di presidiare strade, piazze e giardinetti per dare l'allarme quando arriva la polizia.

Ebbene, il penultimo strato della piramide della droga, non di rado costituito da individui tossicodipendenti che spacciano per potersi pagare la propria dose quotidiana, è ovviamente il più numeroso, e certamente include un elevato numero di immigrati (talora nella condizione di "richiedenti asilo"). Grazie ai suoi servigi, talora ben pagati ma nella maggior parte pagati assai male (e comunque sempre ad alto rischio), milioni di consumatori, prevalentemente italiani, possono approvvigionarsi di ogni sorta di sostanze illegali.

Di quante persone si tratta?

Impossibile saperlo con precisione, ma qualche numero può dare un'idea dell'ordine di grandezza. In Italia i consumatori sono circa 8 milioni, i detenuti per reati connessi alla droga sono circa 20.000 (di cui 8000 stranieri), gli immigrati clandestini sono dell'ordine di mezzo milione. Queste cifre non consentono di effettuare una stima vera e propria, ma mettono alcuni paletti a qualsiasi stima. Se, ad esempio, si ipotizzasse che gli spacciatori totali siano

50.000 (di cui circa 20.000 stranieri),[60] si dovrebbe concludere che:

(a) ben quattro spacciatori su dieci sono in carcere;

(b) meno di un clandestino su venticinque spaccia;[61]

(c) ogni spacciatore serve, in media, più di duecento-
cinquanta clienti.

Ma è realistico pensare che gli spacciatori in carcere
siano quasi la metà del totale? È realistico pensare che, con
mezzo milione di irregolari, solo il 4% sia coinvolto nello
spaccio?

Forse no. È verosimile che gli spacciatori non in carcere siano molti di più che quelli in carcere, e che la percentuale di clandestini che spaccia sia sensibilmente superiore
al 4%. Si potrebbe ipotizzare, ad esempio, che gli spacciatori in carcere siano uno su cinque, e la percentuale di
clandestini che spacciano sia prossima al 10%. Accettando
queste (peraltro ancora assai prudenti) ipotesi, il numero
totale di spacciatori (in carcere e fuori, italiani e stranieri)
sale ad almeno 100.000.

Segmento VI. Il cuore di questo segmento è costituito dalle forme meno tutelate della cosiddetta gig economy, o economia dei lavoretti, soprattutto nell'ampio (e
in espansione) settore delle consegne a domicilio di cibo,
libri, oggetti vari. Qui il problema centrale non è la fatica fisica (come succedeva nella consegna di mobili), ma lo

stress delle condizioni di lavoro e la diffusione di contratti-capestro. Lo stress può essere legato ai ritmi richiesti e/o al fatto di essere gestiti da un algoritmo, un fenomeno che negli Stati Uniti è stato battezzato "algocrazia", ovvero potere degli algoritmi.[62] I contratti-capestro possono essere tali per una pluralità di motivi: non solo mancanza di tutele (maternità, malattia ecc.), ma retribuzioni orarie molto basse o pagamenti a cottimo, in funzione del numero di consegne e della distanza.

Segmento VII. Anch'esso in espansione, riguarda essenzialmente la esternalizzazione di servizi, in particolare pulizia, sorveglianza e assistenza, da parte di imprese, esercizi commerciali, e settori importanti della pubblica amministrazione, come i trasporti, la sanità, l'istruzione, l'assistenza. Destinatarie delle esternalizzazioni sono tipicamente imprese multiservizi e cooperative, che prestano manodopera per mansioni quasi sempre di basso livello: pulizie di uffici e treni, raccolta rifiuti, portierato.

Concretamente significa che le Ferrovie dello Stato, le università, le scuole, gli ospedali, i ministeri, certe mansioni non le assegnano a dipendenti propri, regolarmente inquadrati e troppo costosi, ma le scaricano su personale esterno, oggi soprattutto aziende private e cooperative, ma in passato[63] anche lavoratori singoli, ingaggiati come co.co.co., o "collaboratori coordinati e continuativi". E poiché lo scopo delle esternalizzazioni è quasi sempre abbattere i costi, i lavoratori inquadrati in questo modo spesso si trovano a operare non solo con contratti sfavorevoli, ma con salari estremamente bassi. Una situazione di "dumping salariale" divenuta così grave da indurre la Corte di Cassazione a emettere, all'inizio del 2019, una sentenza[64] per garantire i minimi salariali dei lavoratori delle cooperative.

Quanto pesano questi due segmenti, che per brevità possiamo chiamare "gig economy" ed "esternalizzazioni"?

Difficilissimo dirlo, ma possiamo farcene un'idea misurando le dimensioni dei due serbatoi in cui prevalentemente si annidano.

Il primo serbatoio è il settore che le statistiche ufficiali classificano come "trasporti e magazzinaggio". Al netto dei dipendenti irregolari, che abbiamo già conteggiato nel IV segmento, si tratta di circa 1 milione di dipendenti.

Il secondo serbatoio è costituito dal mondo cooperativo, in cui lavorano circa 1.2 milioni di addetti, altamente concentrati in alcuni settori, che non a caso sono i medesimi in cui sono più frequenti le esternalizzazioni: secondo un recente rapporto ISTAT[65] tre settori produttivi, ossia trasporti, servizi alle imprese, sanità e assistenza sociale, assorbono da soli il 62% degli addetti delle cooperative. Al netto del settore della logistica, già conteggiato nella costruzione dei segmenti IV e V, si tratta di circa 1 milione di persone.

Sommando l'entità del primo serbatoio con quella del secondo (depurato del settore della logistica) si arriva a un totale di circa 2 milioni di lavoratori. Anche assumendo, ottimisticamente, che i lavoratori in condizioni di fragilità estreme siano solo uno su tre, si arriva a conteggiare circa 350.000 persone per il segmento VI della gig economy, e altre 350.000 per il segmento VII delle esternalizzazioni (al netto della logistica).

Se aggiungessimo i tre nuovi segmenti (V-VI-VII) ai primi quattro, la nostra stima dell'ampiezza dell'infrastruttura paraschiavistica passerebbe da 2 milioni e 700.000 unità a 3 milioni e 500.000, circa un occupato su sette. Con un'importante qualificazione: i nuovi segmenti, ossia spaccio, gig economy ed esternalizzazioni, sono tutti in forte espansione.

Con questo la descrizione del terzo e ultimo pilastro della società signorile di massa è conclusa, e possiamo intraprendere un nuovo viaggio: l'esplorazione della condizione signorile.

3. La condizione signorile

1. Si è avverata la profezia di Keynes?

Nel 1928, in una celebre conferenza tenuta a Cambridge e intitolata *Prospettive economiche per i nostri nipoti*, John Maynard Keynes formulava due ipotesi decisamente audaci su come sarebbe stato il mondo[66] cento anni dopo, ovvero più o meno ai giorni nostri.

La prima ipotesi era che, grazie al progresso tecnologico, la produttività del lavoro sarebbe potuta crescere anche di otto volte. La seconda era che questo aumento avrebbe condotto a una drastica riduzione degli orari di lavoro: tre-quattro ore al giorno, per un totale di una quindicina di ore la settimana.

A quel punto, ipotizzava Keynes, l'uomo si sarebbe trovato a un passo dall'aver risolto il suo "problema economico" (benessere materiale), e avrebbe semmai dovuto fronteggiare un problema del tutto nuovo: "Come sfruttare la libertà dalle pressioni economiche. Come occupare il tempo che la tecnica e gli interessi composti[67] gli avranno regalato, come vivere in modo saggio, piacevole e salutare".

Per Keynes la liberazione dal lavoro non sarebbe stata né semplice, né indolore. E questo sia perché per molti sarebbe stato difficile rinunciare al lavoro stesso, dopo millenni di abitudini costruite intorno a esso, sia perché l'uomo comune liberato dal lavoro avrebbe potuto non essere capace di usare proficuamente il tempo libero. Una preoccupazione che, pochi anni prima, era stata espressa in modo ancora più esplicito da Bertrand Russell nel suo saggio *Elogio dell'ozio* (che è del 1915):

> Mentre un po' di tempo libero è piacevole, gli uomini non saprebbero come riempire le loro giornate se lavorassero soltanto quattro ore su ventiquattro.

Secondo Russell, sarebbe precisamente questo il compito dell'istruzione. L'istruzione dovrebbe innalzarsi di livello in modo da educare e raffinare il gusto di tutti, così che ognuno possa "sfruttare con intelligenza il proprio tempo".

A quasi un secolo di distanza, ci chiediamo: si è avverata la duplice profezia di Keynes?

La società signorile di massa, con i suoi consumi opulenti e la sua scarsa propensione al lavoro, non è appunto il modo in cui la profezia di Keynes si è realizzata?

Per certi versi la risposta è sì. In un secolo la produttività del lavoro è aumentata in una misura prossima a quella ipotizzata da Keynes. Il "problema economico", inteso come soddisfazione dei bisogni fondamentali, effettivamente è stato risolto, almeno per la maggior parte degli abitanti delle società avanzate. La quota di consumi destinata a beni non necessari è enormemente aumentata. Quanto al tempo di lavoro, almeno in Italia,[68] è più che dimezzato rispetto alla fine degli anni venti del secolo scorso.

Peso del tempo di lavoro nella vita

Fonte: FDH su dati ISTAT, MADD, OECD.

Questo, in concreto, significa che lo spettacolare aumento della produttività lo abbiamo usato in parte per aumentare i consumi ma, in parte, anche per ridurre il lavoro, e tutto ciò è avvenuto precisamente nella proporzione immaginata da Keynes, ovvero dimezzando il nostro tempo di lavoro.

Ma le corrispondenze si fermano qua. Su due punti – almeno in Italia – le cose sono andate in modo del tutto diverso dalle previsioni di Keynes e dagli auspici di Russell.

Il dimezzamento del tempo di lavoro, innanzitutto, non è avvenuto attraverso il dimezzamento dell'orario giornaliero o settimanale, come immaginava Keynes, bensì attraverso la netta suddivisione della popolazione – che un tempo era attiva per buona parte della vita – in una minoranza di lavoratori, spesso iperlavoratori (a causa di straordinari e doppio lavoro), e una maggioranza di non-lavoratori. Un processo cui, indubbiamente, hanno contribuito fattori per così dire naturali, fisiologici in una società che si modernizza: declino dell'agricoltura (che ha reso inoccupata una parte della forza lavoro femminile), scolarizzazione di massa (che ha ritardato l'ingresso dei giovani sul mercato del lavoro), aumento della speranza di vita (che ha accresciuto la quota di inabili al lavoro in quanto troppo anziani). Ma un processo nel quale hanno avuto un ruolo anche le preferenze e le libere scelte dei cittadini, prime fra tutte la tendenza degli adulti ad andare in pensione anticipatamente (talora anche prima dei cinquant'anni) e quella dei giovani a presentarsi sul mercato del lavoro molto tardi (spesso dopo i trent'anni).

Il risultato è che, oggi in Italia, il lavoro è molto più concentrato, cioè iniquamente ripartito, di quanto lo fosse un tempo. Possiamo farcene un'idea misurando il grado di ineguaglianza nella distribuzione del lavoro nello stesso modo in cui misuriamo quella nella distribuzione del reddito, ossia mediante il coefficiente di concentrazione di Gini. Ed ecco la sorpresa:

Le due diseguaglianze

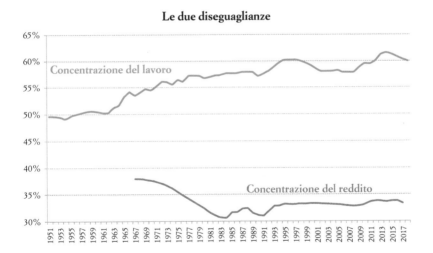

Fig. 10. Le due diseguaglianze: concentrazione del reddito e concentrazione del lavoro (coeff. Gini).

Fonte: FDH su dati ISTAT e SWIID.

Mentre la distribuzione del reddito, a dispetto di quanto invariabilmente si sente affermare, è sostanzialmente stabile, e complessivamente più egualitaria di com'era durante i gloriosi anni sessanta, la distribuzione del lavoro da oltre mezzo secolo (dal 1963) tende a diventare più inegualitaria, ossia polarizzata fra chi non ha alcun lavoro e chi ne ha uno a tempo pieno o addirittura ne ha due. È curioso che quasi tutti, specie nel mondo progressista, denuncino senza tregua spaventosi e generalizzati aumenti delle diseguaglianze di reddito, nonostante l'assenza di riscontri univoci nelle statistiche;[69] e d'altra parte non si accorgano che le statistiche stesse rivelano senza ambiguità una crescente diseguaglianza nell'accesso al lavoro.

Si potrebbe supporre che la concentrazione del lavoro su una minoranza sia una tendenza di tutte le economie avanzate piuttosto che un'anomalia italiana. Ma, di nuovo, i dati ci riservano un bagno di realtà.

Come si vede dal diagramma a p. 93, nessuna fra le società avanzate (eccetto la Grecia) raggiunge un grado di diseguaglianza nella distribuzione del lavoro come quello dell'Italia. Nemmeno la Turchia, paese islamico che scoraggia la partecipazione delle donne al mercato del lavoro, ha un livello di diseguaglianza alto come quello italiano.

Ma c'è un secondo, cruciale, scostamento da segnalare rispetto al futuro immaginato da Keynes.

Disuguaglianza nella distribuzione del lavoro

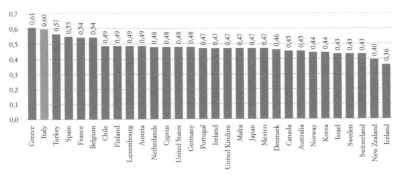

Fig. 11. Disuguaglianza nella distribuzione del lavoro (anno 2018).
Fonte: FDH su dati EUROSTAT, OECD.

L'ingente massa di tempo libero regalata dall'aumento della produttività del lavoro non è stata usata per innalzare il livello culturale delle persone, la loro sensibilità artistica, la loro capacità di vivere in modo saggio, piacevole e salutare. Specie in Italia, dove anche i livelli di istruzione formale sono rimasti bassissimi, il maggiore tempo a disposizione è stato impiegato essenzialmente per ampliare lo spettro dei consumi. Anziché usare la cultura per riempire il tempo libero, si è scelto di usare i consumi per "attrezzarlo".

Che cosa significa "attrezzare" il tempo libero?

Essenzialmente, significa che non si è capaci di riempire da sé – con la lettura, l'arte, lo sport, la convivialità, il gioco, gli hobby – il vuoto e la noia del tempo libero, e si ha bisogno invece di animarlo con una miriade di consumi che aiutano a usufruirne, e di norma costano.

Di qui l'impressionante sviluppo di beni, servizi e attività il cui scopo primario è di aiutarci a "consumare tempo libero": iPod per la musica, iPad per Internet, smartphone un po' per tutto, dai messaggi alle foto agli acquisti online; ristoranti, bar, pub, piadinerie, focaccerie, bistrot, paninoteche, gelaterie, tavole calde più o meno etniche, wine store, cocktail bar, sushi bar; spa, palestre, massaggi, centri yoga; corsi di meditazione, cucina, ballo afroamericano, break dance; acquisti online, mercatini dell'usato, mercatini dell'artigianato; maghi alle feste dei bambini, animatori nei villaggi turistici; fiere del formaggio, del risotto, del tartufo, del cioccolato; concerti in piazza, festival di ogni genere e specie, spettacoli all'aperto, megaschermi per gli eventi sportivi e musicali; senza dimenticare l'ampio mondo delle discoteche e dei locali in cui si beve, si ascolta musica, si balla (e qualche volta si sballa).

Se poi si pensa al drammatico abbassamento della qualità dell'istruzione nella scuola e nell'università, allo sdoganamento della volgarità sui media, all'aggressività che circola in rete, la distanza con le visioni di Keynes e di Russell non potrebbe risultare più grande. Il tempo libero che il progresso tecnologico ci ha regalato non solo non è di tutti, ma è inestricabilmente intrecciato al consumo. E come tale ha un costo di produzione, che dipende dai prezzi degli input che occorre combinare fra loro per ottenere un certo risultato.

Se ne sono accorti economisti e sociologi, che da tempo – almeno da quando, negli anni sessanta, Gary Becker rivoluzionò la teoria del comportamento trattando le famiglie come unità di produzione[70] – hanno compreso che determinati beni e servizi non si acquistano sul mercato perfettamente finiti, pronti per essere consumati, ma richiedono un lavoro, una partecipazione diretta. Una partecipazione che, vista con gli occhi dell'economista, assume la forma di un vero e proprio processo produttivo interno alla famiglia, con impiego congiunto di input acquisiti dal mercato e di segmenti di tempo libero dei suoi membri. Mentre per altri, soprattutto per i sociologi,[71] assume la più semplice forma di un contributo del consumatore al perfezionamento del bene o del servizio che consumerà, e di cui così diventa coproduttore. È questo il significato del termine *prosumer* (producer & consumer), inventato da Alvin Toffler mezzo secolo fa, ma divenuto pienamente attuale solo ai giorni nostri.

Di questi beni e servizi che, come i mobili Ikea in scatola di montaggio, richiedono la cooperazione di chi ne usufruirà, il più importante è l'evasione, o svago, o divertimento, intesi come risultati complessi di processi produttivi che – proprio come quelli di fabbrica – richiedono macchinari, dispositivi, beni intermedi, lavoro (cioè tempo libero!), organizzazione, pianificazione ma – a differenza dei processi produttivi veri e propri – hanno per protagonisti i membri di una famiglia, spesso con la madre nel ruolo di capofficina.

Provate a immaginare un weekend al mare di una famiglia odierna, alla complessità della sua preparazione, al nugolo di attrezzi che lo renderanno pienamente fruibile: consultazione di un sito di previsioni meteo, prenotazioni alberghiere via Internet, automobile, attrezzatura da spiaggia per tutta la famiglia, maschere, boccagli e bombole per le immersioni, tavola da windsurf sul tetto auto, tablet per tenere tranquilli i bambini durante la cena al ristorante, smartphone del capofamiglia collegato con l'ufficio, iPod per l'adolescente, iPad per la madre che desidera svagarsi.

Un discorso analogo si potrebbe ripetere per un atto, un tempo elementare, come "andare a ballare". Che oggi, in diversi casi, può comportare: scoprire il locale in cui si esibiscono i propri artisti preferiti;[72] disporre di un'auto (meglio se di grossa cilindrata) con cui raggiungere la meta (meglio se lontana) oppure trovare un passaggio con BlaBlaCar; disporre di uno smartphone, per immortalare la serata, e magari pure per condividere in diretta Facebook le proprie gesta; disporre di denaro per l'ingresso e per le bevande alcoliche; avere contatti e notizie per approvvigionarsi delle sostanze (non necessariamente illegali)[73] più adatte a modificare nella direzione desiderata i propri stati mentali e la propria sensibilità emotiva.[74]

In breve, di tempo libero ce n'è molto ma, proprio perché è molto, da solo non ci basta più: nella società signorile di massa il tempo libero richiede di essere attrezzato per essere usufruito.

2. Le dimensioni effettive della povertà in Italia

Lo so, a questo punto qualcuno potrebbe obiettare: sì, i consumi oggi sono più ricchi e opulenti di quelli di ieri, ma i drammi sociali restano, perché povertà, disoccupazione, famiglie che non arrivano alla fine del mese ci sono sempre.

E allora dobbiamo, prima di entrare nella fenomenologia del consumo signorile, cercare di chiarire bene di che cosa si parla quando si usa l'espressione società signorile di massa.

Intanto occorre ricordare la nostra definizione: il concetto di società signorile di massa non riguarda la popolazione residente o presente in Italia nel suo insieme ma solo i cittadini italiani che risiedono sul territorio italiano. Quando diciamo che quella italiana è divenuta una società signorile di massa, stiamo parlando della condizione di coloro che hanno la fortuna (o il privilegio) di avere la cittadinanza italiana. Esattamente come, quando parliamo della democrazia ateniese, ci occupiamo di come vivevano e votavano i suoi cittadini, senza tenere conto della condizione degli schiavi e dei non ateniesi.[75] Ecco perché, nel descrivere la società signorile, abbiamo sottolineato la presenza di un'infrastruttura paraschiavistica, in parte considerevole costituita da immigrati. Senza quella infrastruttura, che genera surplus ed eroga servizi alle famiglie e alle imprese, la comunità dei cittadini italiani non potrebbe essere qualificata come "signorile di massa".

Qualche numero può contribuire ulteriormente a chiarire di che cosa ci stiamo occupando. Le famiglie che vivono sotto la soglia di povertà assoluta, secondo l'ISTAT, sono 1 milione e 800.000, di cui quasi 600.000 straniere. Questo significa che circa un terzo del fenomeno povertà è dovuto agli stranieri, e che – fra gli stranieri – una famiglia su quattro è povera. Ma quanto incide la povertà sulle famiglie di italiani?

Qui la risposta dell'ISTAT è: la percentuale di famiglie povere è del 7%, ma se consideriamo solo quelle italiane scende al 5.3%. Sarebbero povere, in altre parole, una famiglia su venti. Reciprocamente: quasi il 95% delle famiglie italiane non è povero. Ma è realistica questa valutazione?

Qualche dubbio in proposito lo esprime anche l'ISTAT, che considera "sicuramente povere" un numero un po' minore di famiglie (il 4.7% anziché il 5.3%). Però siamo sempre lì, intorno al 5%. I veri dubbi, in realtà, vengono dalle prime cifre del reddito di cittadinanza. Sommando tutte le domande accolte, comprese quelle per la pensione di cittadinanza, nei primi quattro mesi dall'entrata in vigore della legge si arriva a quota 895.000, di cui circa 750.000 di famiglie italiane, contro 1 milione e 255.000 famiglie povere stimate dall'ISTAT. È come dire che su cento famiglie censite dall'ISTAT come povere, quelle che hanno fatto domanda sono solo sessanta, poco più di una su due. Perché?

Alcune ragioni sono ovvie: c'è chi preferisce aspettare (ma perché? e fino a quando?); la definizione di povero della legge non è identica a quella dell'ISTAT; alcuni requisiti per accedere al sussidio escludono determinate categorie di cittadini (l'obbligo di avere una residenza esclude i senza tetto). Non sembra inverosimile, tuttavia, che una parte della scarsa adesione sia dovuta al timore dei controlli e delle sanzioni legate alle false dichiarazioni. È possibile, in altre parole, che famiglie che sono risultate povere in base alle rilevazioni dell'ISTAT, non sarebbero risultate tali ove l'ISTAT fosse stata in grado di includere nel reddito familiare anche i proventi in nero.

Se questa spiegazione non è infondata, sembra ragionevole ipotizzare che il numero di famiglie italiane effettivamente povere si collochi in qualche punto intermedio fra la valutazione ISTAT e le adesioni al reddito di cittadinanza pervenute nei primi mesi.[76] A titolo di esempio, e giusto per dare un'idea degli ordini di grandezza, abbiamo messo a confronto tre diverse valutazioni.

	Numero assoluto (migliaia)	% famiglie povere	% famiglie non povere
Famiglie in povertà assoluta ISTAT	1255	5.3	94.7
Famiglie "sicuramente povere" ISTAT	1110	4.7	95.3
Domande di sussidio accolte nei primi quattro mesi	750	3.2	96.8
TOTALE FAMIGLIE ITALIANE	23738		

Tab. 2. Valutazioni del numero di famiglie di cittadini italiani in condizione di povertà assoluta.
Fonte: FDH su dati ISTAT e INPS.

Come si può constatare, si va da un minimo del 3.2% a un massimo del 5.3%. Di qui un primo dato di base: le famiglie italiane che *non* vivono in condizioni di povertà assoluta sono comprese fra il 95 e il 97%. È in questo ambito, ossia all'interno dell'insieme delle famiglie italiane non-povere, che prende forma il fenomeno che abbiamo denominato consumo signorile. Un fenomeno che si presenta in gradi differenti, e ovviamente non interessa la totalità degli italiani non poveri, ma che – come si vedrà dal seguito – è difficile pensare tocchi meno di metà delle famiglie italiane: di qui l'espressione "di massa" con cui finora abbiamo parlato della società signorile.

Nella società signorile di massa, accanto agli strati (maggioritari) che accedono al consumo signorile, coesistono certamente strati che ne sono esclusi: buona parte degli immigrati, i lavoratori dell'infrastruttura paraschiavistica, ma anche quella frazione di italiani che, pur essendo sopra la soglia di povertà assoluta, le sono pericolosamente vicini. Il punto, però, è che comunque si voglia valutare l'ampiezza di questi strati, essi coinvolgono una minoranza delle popolazione residente, e una ancor più esigua minoranza dei cittadini di nazionalità italiana.

3. Fenomenologia del consumo signorile

Ma quali sono le manifestazioni più significative del consumo signorile?

Di tre di esse abbiamo già parlato diffusamente, perché entrano nella definizione di società signorile di massa: casa di proprietà, automobile, vacanze riguardano più del 50% delle famiglie.

I viaggi e le vacanze, in particolare, nella duplice forma di vacanze estive lunghe, e ripetute vacanze brevi nei weekend, hanno avuto una progressione formidabile negli ultimi venti anni. Ancora nella seconda metà degli anni novanta riguardavano poco meno del 50% degli italiani, ora coinvolgono circa due italiani su tre.

Purtroppo una ricostruzione rigorosa dell'evoluzione delle vacanze degli italiani è resa impossibile dalle continue ridefinizioni dei concetti di vacanza breve e vacanza lunga, e dai numerosi cambiamenti intercorsi nelle tecniche di raccolta dei dati.[77] Combinando fra loro le varie indagini ISTAT, e raccordando i vari spezzoni di serie storiche disponibili, possiamo tuttavia tentare un abbozzo.

Negli anni cinquanta e sessanta le vacanze, intese come periodi di almeno qualche giorno lontani da casa e dal lavoro, riguardavano una piccola minoranza della popolazione: meno del 20% negli anni del miracolo economico, meno del 30% alla fine degli anni sessanta. Tra gli anni settanta e gli anni novanta la popolazione che usufruisce delle vacanze aumenta progressivamente fino a sfiorare il 50%, senza tuttavia raggiungerlo. La vera impennata si ha nel primo decennio degli anni duemila, con l'aumento dei viaggi all'estero e l'esplosione delle vacanze brevi, come weekend lunghi e viaggi di pochi giorni al di fuori delle canoniche ferie estive. Nel decennio che va dal 1998 al 2008 le vacanze lunghe crescono del 22%, portando finalmente oltre il 50% il numero di italiani che possono permettersi una vera vacanza, ma le vacanze brevi crescono ancora di più (+48.6%), dando luogo a un fenomeno sociale nuovo: la frequente interruzione della routine lavorativa mediante piccole vacanze, con due-tre pernottamenti fuori casa, anche durante le stagioni un tempo disertate dai vacanzieri, ovvero in periodi diversi da giugno-settembre (vacanze estive) e dicembre-gennaio (vacanze di Natale).

Dopo il 2008, in concomitanza con la crisi, inizia invece una stagione di ripiegamento, caratterizzata da un calo complessivo delle vacanze e da una drastica contrazione del peso delle vacanze brevi a favore di quelle lunghe. Questa fase di contrazione dura fino al 2014-2015, quando il trend delle vacanze torna a essere positivo sia per quelle lunghe sia per quelle brevi.

Stabilire oggi quanti siano gli italiani che vanno in vacanza almeno una volta l'anno risulta molto difficile, sia per il particolare impianto dell'indagine ISTAT, sia per le numerose discrepanze fra dati ISTAT e sondaggi, nonché dei sondaggi fra loro. Una valutazione prudente e di larga massima è che il numero di cittadini italiani che vanno in vacanza almeno una volta l'anno possa essere dell'ordine di due su tre (un valore molto elevato se si considera il peso altissimo degli anziani nella popolazione italiana), con una tendenza all'aumento[78] fra il 2018 e il 2019.

La stessa formidabile progressione delle vacanze si accompagna ad altri fenomeni e tipi di consumo, che ora vedremo uno per uno.

Il food

Il food, termine che da pochi anni ha sostituito il più banale "cibo", è ormai ubiquo nella nostra vita. Tutte le principali reti TV sono imbottite di programmi sulla preparazione di ogni genere di dolci e pietanze, con chef più o meno stellati, concorrenti più o meno sconosciuti, che ci insegnano a preparare piatti memorabili, nostrani ed etnici, con cui potremo stupire i nostri parenti, amici e conoscenti. Cuochi e master chef contendono la palma della celebrità a calciatori, cantanti e star del cinema.

Parallelamente, le nostre città vedono una espansione senza precedenti di ogni specie di locali che dispensano cibo. Non solo i tradizionali e superati bar, ristoranti e pizzerie, ma yogurterie, focaccerie, piadinerie, sushi bar, kebaberie. Per ogni esercizio storico che chiude, sia esso un negozio di abbigliamento, di elettrodomestici o di cancelleria, possiamo star certi che al suo posto sorgerà qualcosa che dispensa cibo. E se per avventura davanti al nuovo locale vi sono posti auto, altrettanto infallibilmente possiamo prevedere che nel giro di poco quegli spazi saranno sostituiti da tavolini all'aperto, con grande beneficio delle casse del comune e grande scorno di chi non sa più dove parcheggiare. Altrettanto inarrestabile è l'espansione dei locali che, dalle 18 alle prime ore dell'alba, permettono ai giovani di cenare (anzi apericenare), incontrarsi, consumare cibi e bevande.

Il dinamismo del settore è confermato dall'ultimo rapporto FIPE[79] (Federazione italiana dei pubblici esercizi) che rivela che nel decennio della crisi sono saliti sia l'occupazione (+17%), sia i consumi, a differenza di quanto accaduto in altri paesi europei. Secondo il rapporto FIPE le famiglie italiane nel 2017 hanno speso ben 83 miliardi di euro per mangiare fuori casa, a fronte di una diminuzione della spesa alimentare in casa. Gli italiani che abitualmente[80] pranzano fuori casa sono circa 13 milioni (un italiano su quattro).

Un fenomeno tanto più significativo se si pensa che, fino a non molti anni fa, portarsi il cibo da casa era la modalità principale di mangiar fuori, non solo fra i ceti popolari. Un costume di cui è testimone anche la lingua, che abbonda di termini per designare i contenitori del cibo, talora precucinato, portato da casa: "baracchino" era il termine tipico degli operai in Piemonte, che diventa "schiscetta" in Lombardia, "gavetta" o "marmitta" nell'esercito. Oggi potersi permettere di pranzare in un locale pubblico, bar o ristorante che sia, sembra divenuto un piccolo simbolo di status, tanto più appetibile perché reso economico da ticket-restaurant, convenzioni, menu a prezzo fisso. Sul piano simbolico, mangiar fuori, o "all'aperto" (nella bella stagione) significa anche adottare uno stile da turista, con il corredo di libertà e spensieratezza che al turista è associato. Mentre portarsi il cibo da casa, inevitabilmente, significa adottare uno stile da lavoratore, in un'epoca in cui lo status dipende più dal consumo esibito che dalla professione.

A questa espansione per così dire "tangibile" dell'industria del cibo si affianca una espansione virtuale su Internet. Una ricerca di ComScore, ad esempio, rivela:

> La sorpresa sembra arrivare quando si guarda alla tipologia di siti più amata dagli internauti europei: non solo *food retailer* e, cioè, siti e piattaforme su cui è possibile fare acquisti e ordinare cibo e bevande, tra i luoghi più amati della rete sembrano esserci i siti di *food lifestyle* in cui è possibile leggere recensioni o prenotare e dare un voto a un locale, condividere ricette, procurarsi consigli o piani alimentari.

La realtà, spiega Virginia Dara commentando i risultati della ricerca, è che "i consumi legati all'alimentare e all'enogastronomico sono sempre meno *funzionali* – ammesso che lo siano mai stati – e sempre più *aspirazionali* e legati cioè a un immaginario culturale, di status". Di qui un nuovo e diverso uso di Internet:

> In questa prospettiva non stupisce che online non si cerchino solo ricette o prodotti da acquistare, soprattutto se al miglior prezzo possibile, ma anche e soprattutto consigli e vere e proprie *figure guida*. Influencer e food blogger, in altre parole, sono diventati nel tempo player fondamentali

nel settore, con community ben nutrite e affiatate e tassi di coinvolgimento decisamente alti.

Fitness e cura di sé

Altrettanto vivace, in questi anni, sembra essere stata l'e-spansione del settore della cura di sé, o del ben-essere. Dico "sembra" perché i confini di questo settore sono ine-vitabilmente mal definiti, e i dati affidabili scarseggiano. A titolo indicativo e non esaustivo possiamo farvi rientrare: palestre, saune, spa, terme, centri massaggi, centri di bellez-za, fitness club, centri yoga, gruppi di meditazione, gruppi salutisti, "tribù alimentari",[81] personal trainer, chiropratici, osteopati. Anche qui nella duplice veste di luoghi reali e persone fisiche, ma anche di piattaforme Internet e dispen-satori di ricette e consigli online.

Fra i pochi dati che possono darci un'idea della dina-mica del settore della cura di sé vi sono quelli del fitness. Da una delle rare fonti di informazioni quantitative, la fiera Rimini Wellness, apprendiamo che nel 2004 il pubblico dei centri fitness ammontava a circa 5 milioni di persone, nel 2012 era salito a quasi 8, mentre oggi si aggira sui 18 milio-ni, più del triplo di quindici anni fa. Il numero di palestre, in crescita sia prima, sia dopo la recessione del 2008-2012, è il più alto d'Europa. Quanto al fatturato, si aggira sui 10 miliardi, quasi metà della spesa totale annualmente dedica-ta in Italia alle attività sportive.[82]

Ma forse l'indicatore più interessante delle tendenze del settore è quello della chirurgia estetica e dei prodotti antiaging, come l'acido ialuronico. Secondo l'Istituto internazionale di medicina estetica, fra il 2010 e il 2017 (primo e ultimo anno per cui si hanno dati) gli interventi in Italia sono triplicati, passando da 320.000 a 953.000, con un tasso di crescita medio annuo del 16.8%.

Quanto all'acido ialuronico non esistono dati sulla sua penetrazione nel mercato della cura di sé e delle terapie antinvecchiamento, ma possiamo farcene un'idea a partire dalla dinamica del fatturato delle aziende leader del settore, come la IBSA farmaceutici Italia (con due stabilimenti nel milanese) e il Fidia Pharma Group, multinazionale della ricerca con sede principale ad Abano Terme. La prima, fra il 2001 e il 2018 è cresciuta al ritmo medio del 17.4%, la seconda si è rafforzata attraverso una serie di acquisizioni e un'intensa attività di ricerca (oltre mille brevetti depositati, di cui seicento proprio a copertura dell'acido ialuronico).

Al servizio delle famiglie

Vacanze, cibo, cura di sé non sono certo gli unici segnali della deriva signorile dell'Italia. Altrettanto importante è la rapida crescita dei servizi cui le famiglie ricorrono negli ambiti più diversi, per alleggerire il lavoro domestico ma talora semplicemente per svago: l'ordinazione di articoli vari su

Amazon sta diventando anche un modo di rilassarsi e occupare il tempo.

Gli acquisti online e l'ordinazione di cibo, consegnato a domicilio dai rider, hanno avuto una crescita molto significativa. Secondo l'ultimo rapporto FIPE, fra il 2017 e il 2018 il mercato del cosiddetto *online food delivery* ha aumentato il fatturato del 69% (in un solo anno!), ed è destinato a crescere ulteriormente nel 2019. La crescita della domanda di cibo fresco consegnato a domicilio si traduce in nuovi occupati, in gran parte giovani o studenti, sempre meno disponibili a lavorare con orari rigidi, e particolarmente attratti dalla possibilità – offerta dai contratti di food delivery – di scegliere il momento in cui lavorare. Un recente servizio su Delivery Food, rivela che in meno di tre mesi, fra la fine del 2018 e l'inizio del 2019, l'occupazione è aumentata del 15%.

La spesa e la preparazione del cibo non sono certo le uniche attività da cui le famiglie, e specialmente i loro membri adulti, cercano di alleggerirsi. Accanto alla consegna di cibo e prodotti vari, in questi anni hanno conosciuto un notevole sviluppo vari tipi di professioni di servizio diretto alle famiglie.

Alcune sono difficilmente quantificabili, anche perché svolte quasi completamente in nero: baby-sitter, che permettono ai genitori di aumentare la loro libertà, sia nella vita ordinaria, sia nei periodi di vacanza; dog-sitter e cat-sitter, senza i quali certi viaggi e vacanze sarebbero impossibili, o molto meno rilassanti; ripetizioni per i figli non-studianti, che una generazione di genitori indulgenti preferisce affidare alle cure di specialisti del recupero.

Quest'ultimo tipo di servigi pagati dalle famiglie meriterebbe una speciale riflessione. Le poche indagini disponibili indicano che il giro di affari delle lezioni private si aggira sugli 800 milioni l'anno (quasi interamente invisibili al fisco), e che a usufruirne sono circa metà degli studenti delle scuole secondarie superiori.[83] Come non vedere in questa differenza, fra le famiglie che possono permettersi ripetizioni private e tutte le altre, una gravissima fonte di diseguaglianza? Come non vedere che il ricorso alle lezioni private, con la rinuncia dei genitori a seguire i figli negli studi, e la rassegnazione degli insegnanti di fronte alla ferma volontà di non studiare di tanti allievi, sono un doppio fallimento degli adulti?

Ma andiamo oltre. Fra i servizi alle famiglie non ci sono solo le consegne a domicilio e i servizi specializzati o settoriali di "accuditori" vari e pedagoghi. Fra i servizi ci sono anche quelli prestati da persone il cui mestiere consiste precisamente nel servire una o più famiglie con compiti perlopiù sgradevoli, faticosi o stressanti, e che in quanto tali abbiamo a suo tempo incluso nell'infrastruttura paraschiavistica della società signorile di massa.

Mi riferisco ovviamente al personale domestico nell'accezione tradizionale, in larga prevalenza femminile, ma anche a una categoria relativamente nuova di addetti alla cura dei membri della famiglia: le badanti, perlopiù straniere dei paesi dell'Est.[84] Abbiamo già visto che l'ordine di grandezza di questi due segmenti della popolazione (colf + badanti) è valutato intorno a 2 milioni di persone, e che il numero di famiglie che hanno una colf o una badante è presumibilmente compreso fra il 15 e il 25%.

Ma la cosa più interessante è l'andamento del settore nel tempo. Il peso complessivo del lavoro domestico regolare (o comunque registrato dai censimenti) negli anni cinquanta era di circa 80 domestici ogni 10.000 abitanti. Nel trentennio successivo, dal 1961 al 1991, si era dimezzato, portandosi intorno a 40. Dal 1991, però, anche grazie alle prime ondate migratorie, non fa che crescere fino al 2012, dove raggiunge la vetta, intorno a quota 170 ogni 10.000 abitanti: più del quadruplo rispetto al 1991, e più del doppio rispetto agli anni cinquanta.

Dopo il 2012, però, le cose cambiano sensibilmente. Aumenta il peso della componente italiana del lavoro domestico, ma soprattutto cambia drasticamente la composizione fra colf e badanti. Nel giro di pochissimi anni, le badanti – che prima della recessione del 2009 coprivano una piccola quota del lavoro domestico (circa il 17%) – sono arrivate a sfiorare il 50% del totale.

Quel che sembra emergere, dal complesso di queste tendenze, è un drastico mutamento del modo in cui i membri delle famiglie massimizzano il benessere familiare o, per dirla con Gary Becker, un cambiamento tecnologico nella funzione di produzione famigliare, probabilmente anche in vista di un contenimento dei costi. I cardini di questo cambiamento paiono essere soprattutto tre.

Il primo è un utilizzo senza precedenti di sconti, promozioni, saldi, supersaldi, svendite, ora anglicizzate in "outlet" e "black Friday". Il secondo è la esternalizzazione di funzioni come gli acquisti (sempre più effettuati online) e la preparazione del cibo (sempre più consegnato a domicilio), con conseguente minore ricorso al lavoro delle colf. Il terzo, forse il più importante, è la delega del lavoro di cura degli anziani alle badanti, in gran parte straniere. Una vera e propria scelta, visto che la crescita del numero di badanti è enormemente superiore alla crescita del numero di anziani: +30% l'incremento delle badanti negli ultimi cinque anni, +10% quello degli ultra sessantacinquenni.

Internet e dispositivi tecnologici

Secondo i dati ISTAT, nel 2018 il livello di diffusione dei beni tecnologici presso le famiglie italiane vede al primo posto la TV (96.8%), seguita da cellulare (95.6%), personal computer (65.9%), modem (49.2%), lettore DVD (41.2%). La maggior parte dei cellulari (circa il 76%) sono smartphone.

Il numero di famiglie che posseggono una connessione

Internet a banda larga da casa è ancora sotto il 75%, un dato inferiore alla media europea. Soprattutto, diverso è quel che facciamo sul web: poco usato per gestire conti correnti, informarsi e generare contenuti, Internet è usatissimo per giocare, condividere video e partecipare alle discussioni sui social.

Dove l'Italia pare primeggiare[85] è nel numero di utenti unici di un telefono cellulare. Secondo il rapporto Digital 2018 in nessun paese del mondo, eccetto Hong Kong e la Corea del Sud, la diffusione dei cellulari[86] raggiunge il livello dell'Italia. Anche qui, al di là della diffusione, il dato importante è che cosa ne facciamo.

Secondo il report Digital 2019, giunto alla sua ottava edizione, gli italiani connessi a Internet (in massima parte via smartphone) sono quasi 55 milioni,[87] ossia nove su dieci, di cui ben 35 milioni attivi sui social. Nella fascia sedici-sessantaquattro anni il tempo totale di connessione medio è di sei ore al giorno, così suddiviso:

Attività	Tempo	Quota
Guardare TV e video	2 H 57 M	48.6
Social media	1 H 51 M	30.5
Ascolto musica	0 H 44 M	12.0
Altro	0 H 28 M	8.9
TOTALE	6 H 4 M	100.0

Tab. 3. Ripartizione del tempo degli italiani su Internet.
Fonte: Report DIGITAL 2019.

Come si vede dalla tabella, più del 90% del tempo è usato in attività ludiche. Un punto che il report non manca di sottolineare:

> È evidente come l'Italia sia un paese i cui utenti Internet e in particolare social cerchino **svago** e **divertimento**, su molte piattaforme diverse (7.4 in media) e per molto tempo (6 ore online, quasi 2 sui social, ogni giorno).

Una particolarità, questa dell'Italia che usa Internet essenzialmente come strumento di evasione, che gli operatori economici conoscono perfettamente e sono ben felici di poter sfruttare. Prosegue infatti il report:

> Per le marche sarà (e sarà sempre più) fondamentale in primis conoscere queste persone al fine di apprenderne i pattern comportamentali in continua evoluzione, e quindi raggiungerle con un approccio strategico alla distribuzione che sia in grado di soddisfare le esigenze degli utenti stessi: contenuti ed esperienze che stimolino conversazione e non vengano percepiti come interruzione.

Difficile immaginare un più pertinente e accurato aggiornamento del concetto di *leisure class* e di *conspicuous leisure*, i due concetti ("classe agiata" e "tempo libero opulento") introdotti da Veblen nella sua celebre opera del 1899

– *Theory of The Leisure Class* – per descrivere la "classe agiata" (allora certamente non di massa) e il dispendio di tempo libero come meccanismo di ostentazione di status. Con la sola, fondamentale, differenza che ora la sovrabbondanza di tempo libero dal lavoro non è più il privilegio dei pochi – la classe agiata che consuma senza lavorare – ma è penetrato nella vita quotidiana della maggioranza degli italiani.

Un esito che diventa ancora più tangibile se le cifre precedenti vengono messe a confronto con il tempo di lavoro: in una giornata-tipo, a fronte di circa sei ore su Internet[88] e quasi tre davanti alla TV, il tempo di lavoro medio non raggiunge le tre ore.[89]

Il consumo di droghe

I dati sul consumo di droghe e sostanze psicoattive, legali e non, sono ovviamente incerti, stante la difficoltà di monitorare un fenomeno che è tuttora stigmatizzato. Su un punto, tuttavia, non vi sono dubbi: l'accesso a tali sostanze non è più riservato all'élite, come è stato fino a circa mezzo secolo fa, ma ha ormai assunto caratteri di massa (Nencini 2017).

Le due fonti principali di informazione sono la *Relazione annuale al Parlamento sul fenomeno delle tossicodipendenze in Italia* e, a livello comunitario, i report dell'agenzia europea per il monitoraggio delle droghe e delle tossicodipendenze (EMCDDA).

Qual è il quadro che risulta da queste indagini?

Il primo elemento che emerge è che a fronte di un trend discendente del consumo di sigarette e di alcol durante i pasti, negli ultimi anni appaiono in sensibile aumento:

- il consumo di alcol fuori dei pasti, compresi gli usi abnormi (*binge drinking*);
- il consumo di cannabis e affini;
- il consumo di cocaina e affini;
- il consumo di eroina, più o meno tagliata con altre sostanze;
- il consumo di droghe sintetiche, sia illegali, sia legali (le cosiddette NPS).[90]

Il grado di diffusione di questi comportamenti di consumo, tuttavia, è estremamente differenziato fra i vari segmenti della popolazione. *Binge drinking* e cannabis sono più diffusi fra i giovani che fra gli adulti. Cocaina ed eroina prevalgono fra gli adulti e i cosiddetti "giovani adulti" (fascia quindici-trentaquattro anni). Inoltre, in generale, esiste una radicale differenza fra maschi e femmine: le donne sono sistematicamente sottorappresentate in tutti i consumi rischiosi, e il loro coinvolgimento è tanto minore quanto più alto è il rischio.[91]

Ma di quante persone stiamo parlando?[92]

Secondo l'ISTAT i comportamenti a rischio legati all'alcol nel 2018 coinvolgono quasi 8.7 milioni di persone, pari al 15.9% della popolazione dagli undici anni in su. Il *binge drinking* coinvolge 4.1 milioni di persone (7.5%).

Quanto all'uso di stupefacenti, i valori che spesso vengono citati dalle fonti più disparate vanno presi con grande cautela, per varie ragioni. Innanzitutto, le stime basate su autodichiarazioni in questionari anonimi sono ovviamente errate per difetto. In secondo luogo occorre prestare attenzione alla definizione di utente: un conto è aver fatto uso di una sostanza almeno una volta nella vita; un conto è averlo fatto nell'ultimo anno, o nell'ultimo mese; un conto infine è essere un consumatore abituale o addirittura quotidiano. C'è infine da considerare che il numero di consumatori dei vari tipi di sostanze non sono direttamente sommabili, perché sono molti a consumare più di una sostanza.

Se ci chiediamo quante persone hanno sperimentato una sostanza illegale almeno una volta nella vita, la risposta (basata sulle autodichiarazioni) è una su tre. Se invece stiamo alla definizione più comune di consumatore (almeno una volta nell'ultimo anno), dal 33% si scende all'11%, con grandi differenze legate all'età (nella fascia dei quindici-ventiquattro anni l'uso di sostanze illegali coinvolge un giovane su quattro).

Secondo l'ISTAT, il numero totale di utenti si può stimare in almeno 6 milioni di persone per i derivati della canapa (cannabis e simili), e almeno 2 milioni per le sostanze più pericolose: cocaina e simili, eroina, sostanze chimiche varie come LSD, Spice, MDMA (ecstasy) e più in generale le nuove sostanze psicoattive, immesse sul mercato al ritmo di una alla settimana, e sempre più spesso acquistate via Internet. È il caso di aggiungere che la cocaina è più diffusa fra gli adulti che fra i giovani, e che non di rado – specie fra dirigenti, professionisti, colletti bianchi in genere – il suo consumo è "controllato", per non compromettere la normalità quotidiana (Zuffa, Ronconi 2017).

Il fatturato globale delle sostanze illegali è dell'ordine di 15 miliardi, un po' meno di 1 punto di PIL (il triplo di quel che spendiamo in istruzione[93]). Tenuto conto che i consumatori di sostanze sono circa 8 milioni, significa che il consumatore medio spende quasi 2000 euro l'anno in sostanze psicoattive.

Un popolo di giocatori

In una rassegna del consumo signorile non può mancare il gioco, tipico attributo e privilegio dei "signori", da sempre amanti dei giochi d'azzardo e protagonisti di memorabili certami e battute di caccia.

Ma quali forme assume il gioco nella realtà italiana di oggi?

Una prima risposta ce la fornisce il citato report Digital 2019 parlando del "mondo gaming": circa il 16% degli utenti Internet gioca in modalità streaming live (in diretta), l'11% guarda altri *gamers* giocare online, il 5.4% guarda campionati di e-sport.

Un altro aspetto, strettamente connesso, è dato dall'industria dei videogiochi, fatta di aziende che vendono software e dispositivi (tipo console, joystick ecc.), ma anche da tutto un mondo, in spettacolare espansione, fatto di video-sviluppatori indipendenti, spesso supportati dalle aziende e dai giganti del web (è il caso del programma ID@Xbox 2019 della Microsoft). I rapporti pubblicati negli ultimi anni dalla AESVI (Associazione editori sviluppatori videogiochi italiani) tracciano i contorni di un mercato in rapido sviluppo, con un tasso di crescita del fatturato che sfiora il 20% all'anno. Secondo l'ultimo rapporto AESVI, nella fascia da sedici a sessantaquattro anni i videogiocatori sono più del 50% sia fra i maschi, sia fra le femmine.

La crescita impetuosa di una selva di giochi, perlopiù elettronici o guardati sul web, non deve farci pensare che il mondo tradizionale, quello del gioco d'azzardo, con scommesse e vincite in denaro, sia in regresso.

È vero il contrario. Il gioco d'azzardo, nelle sue due forme, legale e illegale (entrambe particolarmente diffuse al Sud), non solo non è diminuito, ma negli ultimi quindici anni è letteralmente esploso. I dati mostrano in modo chiarissimo che il punto di svolta è stato il 2003-2004 (fig. 12).

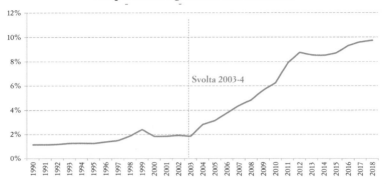

Fig. 12. Peso del gioco d'azzardo sui consumi privati totali.
Fonte: FDH su ISTAT, MS (Monopoli di Stato)

Quando si studia l'evoluzione dei comportamenti di consumo è rarissimo trovare svolte così improvvise e così radicali. Fra il 1990 e il 2003 la quota dei consumi privati spesa nel gioco d'azzardo era passata da meno dell'1.5% a poco più del 2%, con una dinamica lentissima: in tutto meno di 1 punto percentuale in tredici anni. Poi, improvvisamente, in un solo anno, fra il 2003 e il 2004, un balzo di 1.3 punti, molto di più della crescita dell'intero tredicennio 1990-2003 (+0.9). Da quel momento sarà un'escalation, con un'ulteriore accelerazione nel biennio 2011-2012, in piena crisi. Dopo la crisi, salvo una modestissima battuta d'arresto nel 2013-2014, l'espansione continua, più o meno al ritmo del decennio anteriore alla crisi. Secondo l'Istituto

Superiore di Sanità,[94] oggi gioca d'azzardo almeno una volta all'anno più di un italiano su tre, e il peso del gioco d'azzardo sui consumi privati totali è cinque volte quello del 2003.

A che cosa si deve la svolta del 2003-2004?

Probabilmente a un mutamento intervenuto proprio in quegli anni in un altro settore del gioco, quello dei telequiz e dei concorsi a premi, che costituiscono una sorta di gioco d'azzardo a costo zero (si può solo guadagnare).

Nel 2000, su Canale 5, con la conduzione di Gerry Scotti, decolla il programma *Chi vuol essere miliardario?*, collocato in fascia preserale, a ridosso del TG5. Di lì a poco, con il passaggio all'euro, il programma cambia nome, e diventa *Chi vuol essere milionario?* Il successo è immediato e lo share altissimo.

Ma la RAI non sta a guardare. Fra il 2002 e il 2003, sulla rete ammiraglia della TV pubblica, e sempre in fascia preserale, decollano due programmi di grandissimo successo, *L'eredità* e *Affari tuoi*, entrambi collocati a ridosso del TG1, il telegiornale più seguito.

È la miccia che fa esplodere il gioco d'azzardo pagante. La vista quotidiana di persone comuni, spesso clamorosamente ignoranti, e comunque quasi sempre del tutto prive di conoscenze approfondite in qualsiasi campo del sapere, che in pochi minuti – solo in virtù di fortuna e intuito – possono cambiare la loro vita grazie a vincite milionarie (siamo appena entrati nell'euro, e le decine di migliaia di euro vengono istantaneamente convertite in decine di milioni di lire) deve aver convinto molti che tentare la fortuna sia la strada migliore, forse l'unica, per fare un passo avanti nella scala sociale.

Un vero paradosso, se si pensa che il gioco d'azzardo è un fondamentale fattore di aumento delle diseguaglianze economiche. Per valutarne l'impatto occorrerebbe uno studio approfondito, condotto con l'ausilio di un modello di microsimulazione, ma un esercizio con poche cifre basta a illustrare il problema.

Supponete che vi siano 100 individui, e che tutti guadagnino 1000 euro al mese. Supponete anche che 50 non giochino, e 50 sì. Di questi ultimi, 25 sono tranquilli e giocano 100 euro al mese (il 10% dello stipendio), gli altri 25 sono accaniti e dipendenti (ludopatici) e spendono 200 euro al mese. Alla fine del mese 47 giocatori (su 50) non hanno vinto nulla, mentre 3 giocatori (1 normale e 2 ludopatici) hanno incassato l'80% delle giocate di tutti (il restante 20% va allo Stato). Quanto si ritrovano in tasca queste categorie di cittadini?

È facile fare i conti: basta osservare che le giocate totali ammontano a 25 x 100 + 25 x 200 = 7500 euro, di cui 1500 vanno allo stato-biscazziere[95] e gli altri 6000 vanno ai 3 fortunati vincitori, che mediamente incassano 2000 euro ciascuno (i vincitori ludopatici sono più numerosi perché giocano con frequenza doppia). Ed ecco il bilancio del nostro mese-tipo:

	%	Prima	Effetti gioco		Dopo
			Spese	Guadagni	
A: non giocatori	50	1000	0	0	1000
B1: giocatori normali fortunati	1	1000	−100	2000	2900
B2: giocatori accaniti fortunati	2	1000	−200	2000	2800
C1: giocatori normali sfortunati	24	1000	−100	0	900
C2: giocatori accaniti sfortunati	23	1000	−200	0	800

Tab. 4. Effetti del gioco d'azzardo sulla diseguaglianza: redditi prima e dopo il gioco.

Se volete divertirvi, potete anche calcolare il coefficiente di Gini, che misura la concentrazione del reddito (ossia l'iniquità nella sua ripartizione), rispetto a una situazione in cui tutti ricevono il medesimo reddito. Ebbene, in un solo mese la concentrazione del reddito è passata da 0 al 9.8%, e il mondo egualitario di partenza (1000 euro a testa) è completamente svanito: ora ci sono 3 persone con circa 3000 euro (anziché 1000), 50 persone (i non giocatori) che stanno esattamente come prima, 24 persone con 900 euro, 23 persone con soli 800 euro. Non solo, ma la torta complessiva risulta diminuita, perché lo Stato ha distribuito premi per 6000 euro, ma ne ha trattenuti per sé 1500 (l'80% delle giocate). Prima del gioco i nostri 100 giocatori disponevano complessivamente di 100.000 euro, ora gliene restano solo 98.500.

Qualcuno potrebbe pensare che, al prossimo giro, dovrebbe esserci un riequilibrio, perché a vincere – quasi sicuramente – non saranno gli stessi di prima. Ma non funziona (solo) così, perché al prossimo giro la maggior parte dei giocatori, specie quelli accaniti, subirà ulteriori perdite, e solo una piccola parte di essi compenserà le perdite del primo giro con vincite nel secondo. Lo scenario più verosimile è che i giocatori accaniti si indebitino per poter continuare a giocare, e che la maggioranza di essi, fatta di perdenti, anche per il prossimo mese si ritrovi in tasca 800 euro anziché 1000, con conseguente ulteriore crescita del coefficiente di Gini.

Il gioco d'azzardo secerne diseguaglianza.

Si potrebbe obiettare, a questo punto, che il nostro esempio è solo un esercizio, costruito con dati artificiali, e che l'impatto complessivo del gioco d'azzardo sulle condizioni di vita potrebbe essere piccolo, o addirittura trascurabile. Conviene allora, per capire le dimensioni del fenomeno, passare dal numero di giocatori al valore delle giocate. Quanto spendono gli italiani per il gioco d'azzardo?

Secondo i dati ufficiali, che si riferiscono al solo gioco legale, nel 2018 la spesa complessiva per il gioco è stata di 107.3 miliardi di euro. Per capire quanto enorme sia questa cifra, che tra l'altro esclude del tutto il gioco illegale,[96] possiamo metterla a confronto con la spesa pubblica per la sanità: il servizio sanitario nazionale, fatto di ospedali pubblici e di strutture convenzionate, costa allo Stato e alle Regioni più o meno la stessa cifra. È come dire che, se smettessero di giocare, i cittadini italiani potrebbero finanziare interamente la sanità pubblica (la voce più importante dello stato sociale, dopo la spesa pensionistica), e pagare 107 miliardi di tasse in meno, perché lo Stato non ne avrebbe più bisogno per sostenere la spesa sanitaria (per apprezzare il beneficio per i contribuenti, si consideri che il costo della tanto sbandierata flat tax al 15% è dell'ordine di 50 miliardi).

E non è tutto. Se ci chiediamo qual è la spesa media pro capite per il gioco d'azzardo, e teniamo conto che i giocatori sono circa 16 milioni, scopriamo che siamo prossimi a 6700 euro l'anno, circa 550 euro al mese. Dal momento che un buono stipendio si aggira sui 1500 euro netti, si deve concludere che il giocatore medio spende un terzo dello stipendio per tentare la fortuna.

Ma anche se lasciamo perdere quel che succede al singolo giocatore, e ragioniamo sulla spesa complessiva degli italiani per consumi, il risultato è sconcertante: su un totale di 800 miliardi, la spesa alimentare ne assorbe 142, il gioco d'azzardo 107. Ovvero: spendiamo, per il gioco, quasi quanto spendiamo per mangiare.

4. Un bilancio

Proviamo ora a fare un bilancio, mettendo insieme i dati più significativi che abbiamo raccolto fin qui.

Voce	Dati	Osservazioni
Numero auto per famiglia	1.5	– primi posti nel mondo
Automobile	80%	– almeno il 50% degli italiani ha tutte e tre
Casa di proprietà	80%	
Vacanze lunghe	65%	
Telefonini per abitante	1.5	– primi in Europa, terzi nel mondo per numero di utenti unici
Utenti unici di telef. mobile per abitante	83%	
Possessori di uno smartphone	75%	
Pranzi fuori casa	13 milioni	– 57 persone su 100 occupati
Percentuale di adulti iscritti a palestre e centri fitness	36%	– record europeo – ma la palestra è solo un esempio delle tante attività di "cura di sé"
Occupati full-time su pop. quindici-settantaquattro	su 10	– in Europa solo la Grecia fa peggio
Ore al giorno lavorate nella vita	2.2	– lo svago su Internet è il triplo del tempo di lavoro
Tempo medio su Internet	6 ore	
NEET (giovani che non fanno nulla)	25%	– record europeo
Pagare ripetizioni ai figli nella scuola superiore	una famiglia su due	– la spesa complessiva delle famiglie sfiora 1 miliardo di euro
Spesa totale per gioco d'azzardo	107 miliardi	– record europeo – la spesa media per giocatore è un terzo dello stipendio-tipo

Consumatori di sostanze illegali	8 milioni	– terzi in Europa per consumo di cannabis
Spesa per l'acquisto di sostanze illegali	15 miliardi	
Reddito medio familiare	45.000 euro	– il tasso di patrimonializzazione è fra i più alti del mondo
Patrimonio medio familiare	390.000 euro	

Tab. 5. I segni della società signorile di massa.

Una rapida scorsa alla tavola precedente ci mostra almeno due cose. La prima è che su molti indici, più o meno tipici di una società "arrivata", l'Italia presenta valori eccezionalmente elevati, che ci collocano ai primissimi posti in Europa o addirittura nel mondo. È il caso della ricchezza accumulata, del parco auto, degli smartphone, della cura del corpo; ma è il caso, pure, di indici altamente problematici – indici di benessere/malessere potremmo chiamarli – come il numero di giovani che non studiano e non lavorano, la spesa per il gioco d'azzardo, il consumo di sostanze illegali.

La seconda cosa che emerge dal complesso dei dati è che lo spazio del lavoro nella vita si è fatto estremamente ristretto, perché eroso dallo svago e dal consumo nelle loro innumerevoli forme, reali e virtuali.

Di fronte a questi dati, che quasi sempre – per limiti delle fonti statistiche – si riferiscono alla totalità dei residenti in Italia, compresi immigrati e italiani poveri, sembra difficile non scorgere i segni tipici della condizione signorile, sia pure aggiornata e adattata ai tempi. Certo, qualcuno potrebbe obiettare che si tratta di dati medi, dentro i quali si nascondono grandi differenze di reddito, di ricchezza e quindi di stile di vita. Dentro i dati medi ci sono anche le famiglie di stranieri, di italiani in condizione di povertà assoluta, di italiani e stranieri in condizione di povertà relativa. Ed è possibile, in linea teorica, che valori medi di consumo e di spesa così elevati siano da ricondurre soprattutto al tenore di vita degli strati superiori, se non ai consumi opulenti di una minoranza di straricchi.

Ma è proprio questa obiezione, in realtà, che ci permette di riconoscere l'estensione del consumo signorile. Proprio il fatto che nelle statistiche siano quasi sempre inclusi anche immigrati, poveri e strati bassi, implica che, al netto di queste componenti, il consumo medio dei cittadini italiani è ancora più vistoso. Se eliminiamo dall'analisi gli strati più bassi, ad esempio gli immigrati, o il 30% meno benestante della popolazione (i primi tre "decili"), il reddito disponibile e la spesa pro capite della popolazione restante non possono che risultare ancora più alti. L'espressione società signorile di massa non indica che *tutti* accedono a consumi cospicui, ma che lo fa *la maggioranza dei cittadini italiani*. Possiamo individuare questa maggioranza in modo più o meno estensivo, parlando di società dei due terzi, come Peter Glotz, o di società dei tre quarti, come Dahrendorf, ma resta il fatto che tale maggioranza esiste (e non se la passa affatto male).

Per rendercene conto basta il seguente esercizio. Togliamo tutti coloro che sono in condizione di povertà assoluta (7% delle famiglie); poi togliamo quanti, pur non essendo in condizione di povertà assoluta, sono in condizione di povertà relativa (4.8%), ossia consumano meno di metà del consumo medio; infine togliamo tutti coloro che hanno un consumo compreso fra il 50% e il 75% di quello medio (28.2% delle famiglie), e quindi non sono né poveri assoluti, né poveri relativi, ma comunque consumano un po' meno della media.[97]

Credo si possa essere d'accordo sul fatto che le famiglie restanti hanno un tenore di vita più che buono, essendo o poco sotto la media, o prossime alla media, o decisamente al di sopra di essa. Ebbene, quante sono e quanto consumano?

Le famiglie in questa condizione sono il 60% delle famiglie che risiedono in Italia ma, essendo costituite quasi esclusivamente da cittadini italiani, corrispondono a circa due terzi delle famiglie italiane. Il loro consumo medio supera i 40.000 euro l'anno, a fronte di un reddito disponibile dell'ordine di 55.000 euro. Inoltre, in questo segmento tutto italiano della stratificazione sociale, che include due famiglie italiane su tre, la maggior parte delle famiglie ha un reddito disponibile superiore a quello medio dell'Italia nel suo insieme. È precisamente questo il nucleo della società signorile di massa.

Non è tutto, però. Se oltre a misurare il livello dei consumi, proviamo a capire quali tipi di redditi li alimentano, facciamo un'altra sconcertante scoperta: nella società italiana di oggi, più di metà del consumo totale (460 miliardi su un totale di 800) è sostenuto da redditi che o non provengono dal lavoro, o provengono da lavoro prestato in passato (pensioni di vecchiaia).

Rendite	*Miliardi*
Pensioni di vecchiaia e anzianità	223
Pensioni assistenziali	111
Altri trasferimenti alle famiglie	15
Interessi	23
Vincite al gioco	88
TOTALE	460

Tab. 6. Le fonti extralavorative del reddito (2018).
Fonte: ISTAT, MS, INPS.

E di questi 460 miliardi che non sono il corrispettivo di lavoro presente, ben 88 provengono dalle vincite al gioco, ossia dalla massa di denaro che lo Stato e i gestori del gioco d'azzardo restituiscono agli scommettitori. Se poi pensiamo che, fra i redditi da lavoro e da impresa, circa 150 miliardi provengono dall'evasione fiscale e contributiva (ossia dalla forma più parassitaria e odiosa di appropriazione del reddito), è difficile non dare ragione a chi vede l'Italia come "una repubblica fondata sulle rendite".[98]

A queste fonti di reddito che non costano lavoro va poi sommata l'ingente ricchezza delle famiglie italiane, fatta di case, depositi bancari e postali, azioni, obbligazioni, titoli di stato. Una ricchezza che è pari a oltre otto volte il reddito disponibile annuo e alimenta anch'essa i consumi attraverso il cosiddetto effetto-ricchezza, o effetto-Pigou: il mero fatto di avere le "spalle coperte" grazie al patrimonio familiare induce a consumare di più di quanto si farebbe potendo contare solo sul flusso dei redditi.

Ed eccoci al punto. Siamo diventati una società signorile di massa non solo perché i nostri livelli di benessere sono andati molto al di là della sussistenza, e forse persino al di là della soglia che – secondo la felice espressione di Skidelsky – potrebbe ragionevolmente definire "quanto è abbastanza"; non solo perché chi lavora, ormai, è diventato minoranza a fronte della maggioranza esentata dall'onere del lavoro; non solo perché il tempo dedicato all'evasione e allo svago è ormai ampiamente superiore al tempo di lavoro; ma anche perché fra i redditi che alimentano i consumi primeggiano le rendite, ossia la tipica fonte su cui, da sempre, nobili, proprietari e classe agiata – i signori di un tempo – hanno poggiato le loro vite.

4. La mente signorile

1. Doppio legame

Che il consumo abbia assunto, negli ultimi due decenni, dimensioni e modi radicalmente diversi da quelli del passato è cosa che registriamo ogni giorno con i nostri occhi, e che una messe di dati statistici conferma puntualmente. Difficile pensare che a cambiamenti così vistosi nei comportamenti non sia corrisposto un parallelo cambiamento degli atteggiamenti, dei modi di sentire, delle preferenze morali, delle visioni del mondo: in una parola, un cambiamento della mentalità.

Ma come è cambiata la nostra mentalità? Come funziona la "mente signorile"?

È a queste domande che ora dovremo rivolgere la nostra attenzione.

Nel 1956, negli Stati Uniti, l'antropologo e psicologo britannico Gregory Bateson formulava una teoria che avrà una larga eco in ambito psicologico e psichiatrico: la teoria del doppio legame. Di essa esistono varie interpretazioni, e sul suo valore clinico le opinioni divergono, ma per i nostri fini è sufficiente richiamarne il nocciolo. Per doppio legame, o doppio vincolo (*double bind*), Bateson intendeva la particolare situazione in cui due esseri umani si vengono a trovare quando i messaggi con cui comunicano sono sistematicamente contraddittori, perché a un livello veicolano un contenuto, e a un altro livello veicolano il contenuto opposto: amore e odio, attrazione e rigetto, accettazione e rifiuto, proibizione e permesso. La teoria di Bateson fu fra le fonti di ispirazione della cosiddetta Scuola di Palo Alto,[99] da cui prese l'avvio la rivoluzione sistemica in psicologia, ben condensata nel libro-manifesto *Pragmatica della comunicazione umana* (1967), di Watzlawick, Beavin, Jackson.

La teoria di Bateson, spesso fraintesa dagli interpreti come una spiegazione della genesi della schizofrenia, in realtà stabiliva un nesso di natura logica, più che di natura causale: nei casi di schizofrenia, secondo Bateson, ricorrono i medesimi sintomi che si osservano nelle situazioni di doppio legame.

Perché ne parlo qui, in un libro sulla società signorile di massa?

La ragione è semplice: a mio parere, sul piano psicologico, il tratto distintivo fondamentale della società signorile di massa è una specie particolare (e ubiqua) di doppio legame che inevitabilmente tende a instaurarsi fra i produttori e i non-produttori.

Per illustrarlo vorrei partire da un caso che si presenta in natura, quello del bufago (un particolare uccello) e dell'ippopotamo. Che cosa capita fra questi due animali?

Il bufago è un uccello della famiglia degli storni (*Sturnidae*), che vive in Africa sui grossi mammiferi, come appunto l'ippopotamo, nutrendosi di larve, insetti, zecche che abitano sul dorso e sul muso dell'ippopotamo. Qual è la relazione fra i due animali?

È una relazione di doppio legame, non sul piano psicologico ma su quello materiale del sostentamento.

Il bufago non potrebbe sopravvivere senza il cibo che l'ippopotamo gli fornisce: come tale *dipende* dall'ippopotamo, non è autonomo da esso. Al tempo stesso è un privilegiato, in quanto *parassita* dell'ippopotamo: il cibo di cui ha bisogno glielo fornisce bello e pronto l'ippopotamo, esonerandolo dalla fatica di cercarlo.

E l'ippopotamo?

L'ippopotamo *è autonomo* dal bufago, perché si procura il cibo per conto proprio, ma al tempo stesso è in un rapporto di *obbligazione*, perché non potendo scrollarsi di dosso il bufago, non può fare a meno di nutrirlo con i piccoli insetti che abitano il suo dorso e il suo muso (che poi l'intensa attività del bufago infastidisca l'ippopotamo o lo trastulli è una questione controversa, che volentieri lasciamo agli etologi).

Ed eccoci al punto. La relazione fra bufago e ippopotamo è di doppio legame, perché entrambi sono intrappolati – simultaneamente – in una relazione positiva (vantaggiosa) e in una negativa (svantaggiosa).

	Bufago	*Ippopotamo*
Vantaggio	PARASSITISMO	AUTONOMIA
Svantaggio	DIPENDENZA	OBBLIGAZIONE

Ed eccoci alla società signorile. Nella società signorile classica, o semplice, il nesso fra il signore (nobili, guerrieri, clero) e i sottoposti (tipicamente: i servi della gleba), è univoca, perché il nesso che li collega è vantaggioso per una parte sola: il signore comanda e consuma, i sottoposti obbediscono e producono.

Società signorile semplice

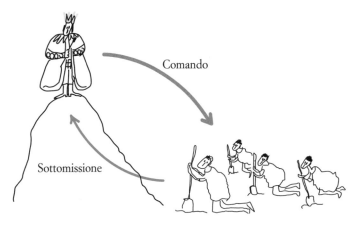

Nella società signorile di massa tutto si raddoppia. I produttori sono autonomi perché si sostengono con i proventi del loro lavoro ma, di norma, sono in un rapporto di obbligazione con i propri familiari (e con lo Stato, cui consegnano quasi la metà del loro prodotto). Hanno il privilegio o la fortuna di non dipendere dalla benevolenza altrui, ma patiscono l'obbligo – sancito dalle consuetudini e dalle leggi – di rendere possibile il consumo signorile, ovvero l'accesso al surplus da parte dei non-produttori.

I non-produttori, a loro volta, hanno il privilegio di consumare senza lavorare, ma in qualche misura dipendono dalla benevolenza dei produttori, cui spetta l'ultima parola sull'uso del reddito da essi generato: il consumo signorile non è emancipato come nella società signorile semplice.

Società signorile di massa

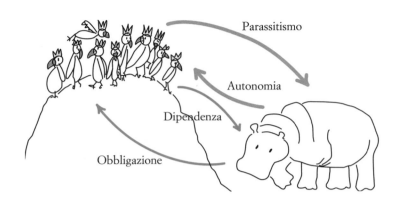

Di qui una conseguenza fondamentale, che è anche al centro delle riflessioni di questo libro. Nella società signorile di massa, l'ubiquità del doppio legame fa sì che possano coesistere – e siano in qualche modo entrambi veri – due racconti opposti di quel che accade. O per meglio dire: sono sempre possibili due registri, uno vittimistico, l'altro stigmatizzante, ed entrambi sono attivabili sia per descrivere la condizione del produttore, sia per descrivere quella del non-produttore. Dipende solo da che freccia selezioniamo. E poiché, da qualsiasi punto si proceda (ippopotamo o bufago, produttore o non-produttore), partono sempre due frecce, una verde del privilegio e una rossa dello svantaggio, ecco che possiamo raccontare quel che preferiamo.

Vediamo.

Il giovane laureato che non lavora e, grazie alle risorse familiari, accede a consumi opulenti, può essere plausibilmente descritto come "bamboccione", sottolineando la sua condizione oggettivamente parassitaria, ma anche come disoccupato ed escluso dal mercato del lavoro, emblema della tragedia di un'intera generazione. Così il padre lavoratore, o il nonno che con la sua pensione di vecchiaia foraggia l'intera famiglia, può essere plausibilmente descritto nel registro vittimistico, come colui che si sacrifica e "tira la carretta" per assicurare i consumi di tutti, ma altrettanto plausibilmente come un privilegiato, fortunato esponente della generazione vissuta nei *Trente Glorieuses*, i gloriosi trent'anni di benessere seguiti alla seconda guerra mondiale.[100]

Credo sia difficile sottovalutare le conseguenze psicologiche di una simile condizione. Il fatto che, entro la fitta rete delle relazioni familiari, siano quasi sempre presenti soggetti nella condizione di produttore e soggetti nella condizione di consumatore puro, e che spesso quest'ultima condizione non sia pacifica (come nel caso di un ragazzo che studia, o di un vecchio in pensione), ma sia *anche* il frutto di una scelta, introduce una instabilità strutturale nel modo in cui i singoli si autopercepiscono e vengono percepiti dagli altri, non solo all'interno della famiglia ma anche al di fuori di essa. Il fatto che un figlio possa essere descritto da un genitore come un perdigiorno di cui non ci si riesce a liberare (uno stereotipo evocato da tanti film, da

Tangui alla commedia TV *E non se ne vogliono andare!*), o viceversa come una vittima della crudeltà dei tempi; il fatto che una moglie inoccupata possa sentirsi "una signora" perché la sua vita è agiata e libera da vincoli, o come l'incolpevole vittima di discriminazioni e pregiudizi ai danni delle donne; il fatto, insomma, che per ogni relazione che collega un produttore-lavoratore a un signore-consumatore siano possibili due descrizioni opposte, non può non avere effetti di straniamento e incertezza, quando non di più o meno aperta conflittualità.

È vero che, come la sociologia ci ha spiegato ormai mezzo secolo fa, la "coscienza moderna" è soggettiva, autodefinita, errabonda, e lo è perché – a differenza di quel che accadeva nelle società del passato – la società "è ormai sempre meno un sistema di posti", e quindi l'individuo non è più definito dal "posto" che occupa o dal ruolo che ricopre (Minogue 2010). È vero che la mente nelle moderne e individualiste società del benessere è "senza dimora" (*The Homeless Mind*, non a caso, è il titolo del migliore affresco della modernità prodotto dalle scienze sociali).[101] Ed è vero infine, come ci ha brillantemente spiegato Pierre Bourdieu nel già citato saggio del 1978, che è una capacità tipica dell'individuo moderno quella di percepirsi simultaneamente in vite parallele e alternative. Ma in tutte queste analisi non era mai emerso ciò che nel doppio legame è invece la norma: il fatto che la risposta alla domanda "chi sono io?" sia intrinsecamente duplice, e lo sia nel modo più destabilizzante possibile, perché una delle due risposte sta nel registro dello svantaggio mentre l'altra sta in quello del privilegio (una circostanza che, peraltro, solleva un interessante interrogativo di sociologia della conoscenza: come mai, fra i due racconti possibili, a prevalere è quasi sempre quello che utilizza il registro vittimistico?).

Nella società signorile di massa, l'identità, l'immagine di sé, la percezione che di noi stessi possono avere gli altri, sono intrinsecamente instabili, perché – in ogni momento e da parte di chiunque – possono essere ridefinite e capovolte di segno. Nella società signorile di massa l'identità non poggia sulla dura roccia delle posizioni sociali occupate da ciascuno, ma è esposta a tutti i venti della comunicazione e dell'interazione sociale. Venti che, come sappiamo, nell'era di Internet e della interconnessione di tutti con tutti, sono diventati particolarmente impetuosi. E, soprattutto, ingovernabili.

2. Il "giovin signore" e il subconscio successorio

L'ubiquità del doppio legame non implica che esso sia diffuso in modo omogeneo, o in modo egualmente patologico, in tutto il sistema sociale. Certo, di esso esistono alcune figure per così dire archetipiche, in particolare nei rapporti fra genitori e figli, fra coniuge che lavora e coniuge inoccupato, fra percettori di pensioni di vecchiaia e figli adulti più o meno disoccupati e sottoccupati.

Ci sono contesti, però, in cui le tensioni del doppio legame sono particolarmente acute. In generale, ad esempio, possiamo ipotizzare che il doppio legame tenda a risultare maggiormente problematico, cioè più soggetto a tensioni, là dove la "parte parassitaria" (che consuma senza produrre) accede a consumi particolarmente opulenti. Il che significa: più facilmente nei ceti medio-alti che in quelli medio-bassi, più tipicamente nelle regioni del Centro-Nord che in quelle del Mezzogiorno.

E poi, naturalmente, ci sono le differenze di genere: se è evidente che nel rapporto fra coniugi la parte parassitaria è più frequentemente la donna, forse è meno noto che nei rapporti genitori-figli la parte parassitaria è più frequentemente il figlio maschio. Da molti decenni[102] le ragazze studiano di più, più a lungo, e mediamente con maggiore profitto, il che comporta che – fino a quando non interviene la scelta di avere dei figli – cadano più raramente dei maschi nella condizione di NEET.[103] Non a caso lo stereotipo dei "bamboccioni" viene usato perlopiù per descrivere il modo di vita dei maschi sfaccendati che non se ne vanno di casa.

Il fatto che l'Italia abbia il record europeo del numero di NEET può, a seconda dei punti di vista, apparire come segno di prosperità o come segno di sottosviluppo. Quel che vorrei sottolineare, tuttavia, è che non dovremmo stupircene troppo. Proviamo a entrare nella mente di un giovane del ceto medio (lo chiameremo Jacopo), i cui genitori si sono costruiti nel tempo una situazione di relativo benessere e sicurezza.

Jacopo viene indotto, volente o nolente, con o senza ripetizioni, a conseguire un titolo di studio relativamente elevato, non importa qui se di ragioniere, architetto o dottore di ricerca in scienze forestali. Egli a questo punto ha in mano un pezzo di carta che "certifica" le sue "competenze" (così parlano burocrati e pedagogisti). E, cosa più importante, ha maturato delle aspettative: si aspetta di occupare una posizione sociale non inferiore a quella dei suoi genitori e, ovviamente, di fare un lavoro all'altezza del titolo di studio che ha conseguito, e che garantisce la sua idoneità a svolgerlo. Dopodiché si presenta sul mercato del lavoro e fa due inquietanti scoperte:

(1) nessun datore di lavoro dà per scontato che lui possegga le competenze che il suo titolo di studio certifica;

(2) gli stipendi che gli vengono offerti sono sensibilmente inferiori a quelli dei suoi genitori, e comunque al di sotto della sua soglia personale di accettazione.

Naturalmente questi due esiti hanno cause strutturali ben precise, di cui Jacopo – se avesse studiato un po' di economia e di sociologia – sarebbe cosciente. Che i datori di lavoro non diano molto peso ai titoli di studio posseduti dai candidati dipende dal fatto che scuola e università, pur in certi casi rimaste di eccellenza quanto all'insegnamento impartito,[104] hanno nondimeno ovunque abbassato l'asticella della sufficienza, con il risultato – profondamente iniquo – di rendere indistinguibili i giovani preparati e quelli che non lo sono.

Che gli stipendi offerti siano bassi dipende da una circostanza che Giorgio Fuà aveva segnalato già nel lontano 1976. L'Italia ha standard salariali (e quindi tenore di vita) ampiamente superiori alle sue capacità produttive, il che nel lungo periodo non può che condurre a strozzature nel processo di crescita e alla moltiplicazione dei posti di lavoro precari, irregolari, sottopagati. Un destino cui, contrariamente alle previsioni di Fuà, l'Italia è riuscita a sfuggire per quasi due decenni, ossia fino a quando, nei primi anni novanta, per entrare nell'euro e restare sul mercato, siamo stati costretti a frenare la crescita del debito pubblico e, con essa, l'espansione dei consumi finanziata dalla spesa in deficit.

Se si considera tutto questo, lo sconcerto di Jacopo e della "classe disagiata" appare più che comprensibile. Ma questo sconcerto non ha le sue radici, come talora viene suggerito, in processi generali di declassamento che colpirebbero i ceti medi: quel che realmente è successo negli ultimi decenni è semmai che le posizioni sociali pregiate hanno cessato di aumentare, e quindi per ogni individuo che l'ascensore sociale porta su, ce ne deve essere per forza un altro che il medesimo ascensore porta giù. Il tutto in presenza di una massa crescente di persone i cui livelli di scolarizzazione non potevano non alimentare le aspirazioni più irrealistiche. Un quadro, innanzitutto psicologico e soggettivo, vividamente tracciato da Raffaele Alberto Ventura nel già citato *Teoria della classe disagiata*:

> L'esperienza del declassamento non implica necessariamente un "salto indietro" rispetto alla propria condizione familiare di partenza, ma anche soltanto un passo indietro rispetto alle aspettative indotte dal sistema educativo o dal libero mercato.

Di qui il sentimento di amarezza che pervade e attraversa la classe disagiata, di cui peraltro l'autore è parte (Ventura è classe 1983). Un'appartenenza che non gli impedisce di scattarne una fotografia impietosa, e non priva di autoironia:

> Possiamo insomma accettare con fair play il nostro destino più o meno infausto: ma non possiamo fingere che tutto ciò non sia effettivamente traumatico. La retorica del "rimboccarsi le maniche" è facile, ma rimboccarsele davvero è doloroso. La verità è che le cose vanno dannatamente peggio del previsto, e noi siamo ormai troppo nobili per le mansioni

che ci attendono; sensibili al dolore, cagionevoli di salute e fondamentalmente malvagi.

Arrivato a questo punto, secondo Ventura, davanti a Jacopo si apre un bivio; prendere la decisione razionale di accettare la realtà (ossia: un'offerta di lavoro percepita come non congrua), oppure persistere nel rifiuto di prenderne atto.

Alla classe disagiata si offre la possibilità di prendere delle decisioni *razionali*, ma queste decisioni razionali entrano in conflitto con una serie di valori, di aspettative, di abitudini, di codici che definiscono l'identità dei suoi membri. Il prezzo di una decisione razionale, a questo punto, diventa il più alto dei sacrifici: ovvero il sacrificio di sé stesso, o perlomeno della propria autorappresentazione.

Il risultato è, in molti casi, la disoccupazione volontaria, che – nel nostro paese – fa crescere a dismisura l'esercito dei NEET.

Ma sarebbe davvero lavorare la scelta razionale? Ed è davvero irrazionale l'ostinazione di Jacopo, che preferisce consumare senza produrre, in attesa che il destino gli presenti un'opportunità all'altezza dei suoi sogni, o dell'immagine che coltiva di sé stesso?

La mia impressione è che, se abbandoniamo il piano morale, le cose possano essere descritte anche in un altro

modo, radicalmente diverso. Certo la figura del "giovin signore", che può permettersi di coltivare sé stesso grazie
alle risorse e all'indulgenza dei genitori, non è edificante.
Ma la domanda è un'altra: la scelta di non lavorare e godersi la vita è anche irrazionale?

Forse no. Magari è egoistica, narcisistica, opportuni-
sta, ma questo non implica che sia poco razionale. Forse,
anzi, è iperrazionale.

Dobbiamo considerare, infatti, i dati della situazione
esistenziale in cui Jacopo è felicemente gettato. La sua famiglia è benestante, il che non significa che è ricca o molto
ricca, ma solo che è abbastanza ricca da poter mantenere un figlio che non fa nulla. Il reddito familiare è vicino
a quello medio (46.000 euro l'anno), e così il patrimonio
familiare (390.000 euro). Voglio sottolineare un punto: le
cifre che ho appena indicato non individuano gli strati alti
della piramide sociale (i ricchi e i ricchissimi), ma corrispondono al livello medio della popolazione residente (in-
clusiva degli immigrati). Il che significa che, in realtà, la
famiglia italiana media sta leggermente *meglio* di quella di
Jacopo.

L'altro dato della situazione di Jacopo è che i suoi genitori, per qualche ragione che è inutile indagare, sono disposti a finanziarne il consumo senza contropartite, o senza
contropartite significative. Jacopo abita con la mamma e
con il papà, ma ha una stanza tutta sua, tecnologicamen-

te ben attrezzata, con un letto a una piazza e mezza dove è libero di ospitare chi vuole. Al mattino può alzarsi all'ora che gli pare, di giorno comunicare all'ultimo minuto se mangia a casa o resta fuori. Durante la giornata traffica con qualche amico sulle cose che lo appassionano, e che lo fanno sentire quel che davvero è. La sera sovente apericena con gli amici, il venerdì e il sabato trascorre le prime ore dell'alba in discoteca. Nei weekend gli capita di raggiungere i suoi nella casa di campagna, dove può anche portare gli amici per un tuffo in piscina. Ma quando vuol fare qualcosa di diverso, prende l'auto (ha anche un'auto tutta sua, di cui il babbo paga l'assicurazione) e porta la fidanzata in montagna o al mare, dipende dalla stagione.

Se mettete insieme questi tre dati di fatto – reddito familiare, patrimonio familiare, benevolenza familiare – e riuscite a lasciare da parte ogni considerazione etica o morale, forse potreste cominciare a sospettare che, per Jacopo, quella di lavorare *non* sia la scelta più razionale. Dopotutto, se i miei genitori ultrasessantenni permettono a me ultratrentenne di condurre una vita piacevole e senza obblighi, perché dovrei rinunciarvi? Perché sobbarcarmi le fatiche e le frustrazioni di un lavoro che non è fatto per me?

Qualcuno potrebbe rispondere: perché devi pensare al tuo futuro! Che cosa farai quando i tuoi genitori non ci saranno più?

Ma è proprio qui che entra in gioco, a mio parere, il fattore chiave, che rende razionale la scelta di Jacopo. Il futuro di Jacopo, che è figlio unico, non è davvero a rischio perché, comunque, in un domani non lontanissimo sarà lui a disporre del patrimonio familiare. La prospettiva di ereditare, sotto forma di immobili e ricchezza finanziaria, un patrimonio di diverse centinaia di migliaia di euro, basta a rendere non così rischiosa la scelta di temporeggiare in attesa dell'occasione giusta. Un privilegio, quello del "darsi tempo", che nella società signorile di massa è appannaggio degli strati medi e alti, e costituisce forse il loro maggiore e più iniquo vantaggio rispetto ai ceti bassi e medio-bassi, che non hanno abbastanza risorse per aspettare. Significa la possibilità non solo di rifiutare le offerte di lavoro che non si ritengono adeguate, ma anche di prendersela con assoluto comodo negli studi, sia nella scuola secondaria superiore, sia all'università e persino nell'intervallo fra l'una e l'altra: fra i fenomeni più sconcertanti degli ultimi anni è da segnalare l'invenzione di una sorta di "anno sabbatico" prima di iscriversi all'università, una pausa di riflessione che le famiglie dei ceti superiori concedono volentieri ai loro figli perché facciano esperienza in giro per il mondo, come nei secoli passati accadeva ai rampolli della nobiltà in giro per l'Europa.

È cosciente la tranquillità di Jacopo sul proprio futuro? O è il subconscio che gli ricorda la caducità dei genitori?

Forse non è essenziale saperlo. Il fatto è che un ragazzo con una robusta situazione familiare alle spalle *non può non sapere* che, comunque vada, non corre alcun rischio serio. Dovessero essere longevi, i genitori non gli faranno mai mancare nulla; dovessero lasciarlo presto, tutto quel che potrà succedergli è di doversi occupare della gestione del patrimonio familiare, dalla quale finora è stato felicemente esentato.

Se c'è del vero in questa ricostruzione, né la disoccupazione volontaria, né il fenomeno dei NEET che ne è la manifestazione più eclatante, dovrebbero stupirci più di tanto. In qualche misura, il fatto che una parte dei giovani possa permettersi di non lavorare è una mera conseguenza del benessere che caratterizza la maggior parte dei paesi europei occidentali.

Resta il fatto, però, che il peso dei NEET in Italia è eccezionalmente elevato, specie nella fascia venticinque-ventinove anni. Se si eccettua la Turchia, che è un paese islamico, nessun paese europeo ha una percentuale di NEET alta come quella dell'Italia. Anche escludendo i NEET che sono alla ricerca di un lavoro, e considerando solo gli inattivi puri (ossia chi non solo non fa un lavoro, ma nemmeno lo cerca), il livello italiano (18.8%) resta molto alto: quasi il doppio di quello del Belgio e della Francia (i due paesi con più NEET dopo l'Italia), e oltre il doppio del livello medio di tutti i paesi europei occidentali (7.9%).

Come si spiega? C'è qualcosa, nella situazione dei giovani italiani, che giustifica un numero di NEET così alto?

Sì, qualcosa c'è. L'Italia è, di gran lunga, il paese europeo in cui è maggiore *l'eredità attesa*, ovvero la quantità di patrimonio che un giovane può aspettarsi di ereditare al momento del decesso di un familiare più anziano. Senza entrare qui nei dettagli della definizione statistica, possiamo dire che l'eredità attesa dipende fondamentalmente da tre parametri:

(a) il grado medio di patrimonializzazione delle famiglie;

(b) il peso degli anziani sulla popolazione;

(c) il peso dei giovani sulla popolazione.

A parità di patrimonializzazione, l'eredità attesa è tanto più elevata quanto più un paese è ricco di vecchi e povero di giovani. Più vecchi ci sono, infatti, maggiore è il numero annuo di decessi, con conseguente trasferimento del patrimonio agli eredi. E meno giovani ci sono, meno sono gli eredi su cui i patrimoni si spalmano.

L'Italia, un paese pieno di anziani e di figli unici, risponde perfettamente a tutti e tre i requisiti: fra i 14 paesi europei occidentali per cui esistono dati completi l'Italia è al primo posto come peso degli anziani, all'ultimo come peso dei giovani, e al quarto come livello di patrimonializzazione.[105] Se costruiamo un indice che combina questi parametri,[106] scopriamo che l'Italia ha di gran lunga il livello più alto di eredità attesa: fatto 100 il livel-lo medio degli altri tredici paesi, l'Italia si situa a livello 175.8, seguita a grande distanza dal Belgio, dalla Francia e dall'Olanda.

Ma c'è di più. La relazione fra peso dei NEET ed ere-dità attesa tiene anche fra gli altri paesi. Se li dividiamo in tre gruppi, distinguendo fra paesi con eredità attesa bassa, media e alta, scopriamo che, anche fra gli altri paesi, il nu-mero di NEET è governato dall'eredità attesa.

Eredità attesa	Peso dei NEET	Paesi
bassa	6.7%	Norvegia, Lussemburgo
media	7.5%	Finlandia, Austria, Regno Unito, Danimarca, Svezia, Portogallo, Germania, Grecia, Olanda
alta	10.7%	Belgio, Francia

Tab. 7. Eredità attesa e peso dei NEET (2018).
Fonte: FDH su EUROSTAT, OECD.

Nei due paesi a bassa eredità attesa (Norvegia e Lussemburgo) il peso medio dei NEET è appena del 6.7%; nei paesi a elevata eredità attesa (Francia e Belgio) il peso dei NEET è quasi doppio (10.7%); nei paesi a eredità attesa intermedia (tutti gli altri), anche il peso dei NEET è interme-dio (7.5%).

Naturalmente il fatto che il nostro indice sia costruito mettendo a numeratore gli anziani e a denominatore i giovani non significa che i passaggi di ricchezza avvengano sempre fra anziani e giovani. Quello di cui è importante prendere atto è che ogni anno una frazione non trascurabile della ricchezza complessiva passa di mano, e di norma questo passaggio è a beneficio di soggetti che hanno un'età più bassa e una propensione al consumo più alta di quelle dei detentori precedenti.

A quanto ammonta questo "flusso successorio"?

Impossibile saperlo con precisione, ma l'ordine di grandezza si può calcolare. La mia valutazione[107] è intorno ai 250 miliardi, un po' meno del 14% del PIL (una stima sorprendentemente vicina a quelle ottenute da Piketty per Francia e Germania).[108] Difficile sottovalutare l'impatto che un simile trasferimento permanente di ricchezza può avere sulle aspettative dei membri inoccupati delle famiglie, a prescindere dal fatto che a beneficiarne siano più i giovani o gli adulti non anziani. Di nuovo, come nel caso del giovin signore, il punto non è se il flusso successorio entri oppure no nei calcoli coscienti degli eredi. Il punto è che una società nella quale il flusso successorio è così ampio non può che comportarsi in modo diverso da come farebbe senza quel flusso.

La contrazione del risparmio e la tendenza a consumare *hic et nunc* hanno la loro origine anche qui.

3. Carpe diem?

C'è una cosa, però, con cui Jacopo non ha fatto i conti. La volontà di godersi la vita, che indubbiamente è al centro delle preoccupazioni delle ultime generazioni, e in particolare dei cosiddetti iGen (la generazione degli "iperconnessi", magistralmente descritta dalla psicologa americana Jean Twenge), non è affatto una prerogativa dei giovani. Essa sta poco per volta conquistando l'intera società, compresi gli anziani, e ne sta modificando la mente. Lo testimoniano mille indizi, alcuni solo impressionistici, altri solidamente poggiati sulla pietrosa realtà dei dati.

Fra i primi, forse il più interessante è l'orientamento della pubblicità televisiva, ossessivamente e assai più che in passato rivolta ai bisogni degli anziani (anche perché della TV sono i principali utenti). Lo schema base è sempre il medesimo. Prima la descrizione, qualche volta benevola, altre vagamente ansiogena, di un qualche guaio connesso all'età, come affaticamento, mal di schiena, rughe, vene varicose, problemi ai denti, funzionalità della prostata, colesterolo alto, perdita di udito. Poi, immancabilmente, il *deus ex machina*: un dispositivo, una crema o un farmaco che risolverà ogni problema, restituendo salute, giovinezza, forma fisica, energia.

Ma i segnali più importanti vengono dalle statistiche.

La propensione al risparmio,[109] innanzitutto. Si sa che la propensione al risparmio è, storicamente, uno dei tratti distintivi delle famiglie italiane, che proprio grazie a quell'attitudine hanno accumulato l'ingente ricchezza di cui tuttora dispongono. Ma quella propensione, che dalla fine degli anni novanta allo scoppio della crisi era rimasta quasi perfettamente stabile, intorno al 12-13% del reddito disponibile, a partire dal 2010, fra varie oscillazioni, ha imboccato un sentiero discendente. Nel cuore della crisi le famiglie hanno reagito riducendo il risparmio proprio per evitare una troppo drastica riduzione dei consumi; poi, quando la crisi ha attenuato la sua morsa (nel 2013-2014), hanno timidamente provato a tornare al risparmio, anche se non ai livelli precrisi; infine, a partire dal 2015, nonostante la lieve ripresa dell'economia, hanno ricominciato a ridurre il risparmio, che oggi si attesta intorno all'8%, appena al di sopra del minimo storico (7.1%) toccato nel 2012.

Fra i consumi che hanno subito un'accelerazione negli ultimi anni, i più significativi si possono far rientrare in cinque gruppi principali: food, ristorazione, pasti fuori casa; vacanze brevi tutto l'anno, in particolare nei fine settimana e nei ponti; palestre, fitness, cura di sé; navigazione su Internet, presenza nei social, attività di svago in genere; consumo e abuso di sostanze potenzialmente pericolose, come alcol e droghe.

Anche se non è sempre facile quantificarne con precisione la dinamica, per ciascuno di questi ambiti esistono statistiche che documentano che l'espansione è stata di gran lunga superiore sia al tasso di crescita del PIL, sia al tasso di crescita dei consumi nel loro insieme. Eccone un elenco, in ordine di velocità di crescita.

Consumi	Crescita % media annua	Periodo	Fonte
Utenti unici sui principali social[110]	29.7	2016-2019	AGCOM
Cocaina[111]	21.6	2015-2018	EMCDDA
Fatturato videogiochi	18.5	2014-2018	AESVI
Chirurgia estetica	16.8	2010-2017	ISAPS
Possesso smartphone	11.4	2015-2017	DIGITAL 2018 Report
Frequentatori palestre	10.4	2004-2017	Rimini Wellness
Vacanze brevi	9.1	1997-2008	ISTAT
Accesso a Internet	4.2	2011-2018	ISTAT
Occupati ristorazione	4.0	2013-2017	FIPE
PIL (in termini reali)	0.5	2000-2018	ISTAT
Consumo medio (in termini reali)	0.5	2000-2018	ISTAT

Tab. 8. Tassi di crescita di alcuni consumi.

Oltre ai consumi veri e propri, ci sono altri due fenomeni che, negli ultimi anni, hanno avuto un'espansione spettacolare.

Il primo è il crescente ricorso delle famiglie a ogni genere di servizio domestico, dalla consegna di merci e di cibo[112] all'aiuto delle badanti. Un chiaro segno che gli

adulti in salute che hanno un parente anziano non auto-
sufficiente sono sempre più orientati a spendere denaro in
assistenza piuttosto che sacrificare il proprio tempo libero,
pur sempre più abbondante.

Il secondo fenomeno, che abbiamo già incontrato parlando della condizione signorile, è il gioco d'azzardo, in
crescita da molti anni ma letteralmente esploso durante
la crisi del 2011 (+30.2% in un solo anno). Ma su questo
lasciamo parlare il sociologo Maurizio Fiasco, presidente di ALEA, l'associazione italiana per lo studio del gioco
d'azzardo:

L'unico consumo che è aumentato del 110% dall'inizio
della crisi a oggi è quello del gioco d'azzardo. Nel 2008 si
sono spesi 47 miliardi di euro,[113] oggi siamo arrivati quasi a 110. È una macchina fuori controllo e tutto questo ha
una sola spiegazione: se i consumi aumentano in maniera
costante, è perché c'è una dipendenza patologica di massa.
La spesa per l'abbigliamento è scesa, in media, del 25%
in questi ultimi dieci anni, quella alimentare del 5%. C'è
un dimezzamento delle spese odontoiatriche. Quella per il
gioco d'azzardo, che è un consumo puramente dissipatorio,
aumenta costantemente. Questa dipendenza è stata utilizzata e sfruttata dall'industria del settore per costruire un
marketing *ad hoc*. Oggi in Italia ci sono 51 tipologie di gioco diverse, tra lotterie, vari tipi di slot, scommesse online di

tutti i tipi, dagli eventi sportivi all'ippica. E ogni tipologia è stata accuratamente pensata su misura in base all'utente: l'età, le differenze di genere, i luoghi dove poter giocare.

La volontà di espandere il consumo, a quanto pare, contagia un po' tutti, non solo il giovin signore. Che certo può contare sul sostegno familiare e sull'eredità, ma ora deve fare i conti con il fatto che anche i suoi genitori, e in certe situazioni persino i nonni (quando sono arzilli), sono ben felici di spendere il loro denaro in attività gratificanti: fine settimana al mare, crociere nei fiordi, centri fitness, acquisti online, spettacoli e mostre. Per non parlare del gioco d'azzardo e del consumo di droga, due dei fenomeni più trasversali e pervasivi della società signorile di massa.

Da quando, tutto questo?

Difficile dirlo con precisione, impossibile stabilire un anno o una data, perché ogni fenomeno ha avuto un suo sviluppo peculiare. A giudicare dalle non molte serie storiche che sono stato in grado di ricostruire, penso si possa dire che i primi segnali evidenti di un'accelerazione nei consumi risalgano al 2003-2004, quando – simultaneamente e improvvisamente – sono decollate sia le vacanze, sia i centri fitness, sia il gioco d'azzardo. Poi, in ondate successive, sono arrivati i pasti fuori casa (intorno al 2007), il ricorso alle badanti (dal 2009), il boom della ristorazione (dal 2014). E naturalmente, sullo sfondo di tutto, il consumo di tempo libero su Internet, in crescita costante da diversi anni.

Qualcuno potrebbe chiedersi, giustamente, da dove provengano le risorse per una simile espansione dei consumi, e in particolare di quelli connessi allo svago, visto che l'economia ristagna. Una parziale risposta è che le risorse per espandere alcuni consumi opulenti sono state attinte, semplicemente, dalla riduzione di alcune voci tradizionali del bilancio familiare, come le spese per i pasti in casa e il vestiario. Ma la risposta fondamentale è un'altra: quel che è cambiato, in questi anni, è il nesso fra il consumo e il reddito disponibile. Una famiglia o un individuo che intendano aumentare sensibilmente il consumo non pensano più, come in passato, che l'unica strada sia lavorare di più e meglio, in modo da aumentare il proprio reddito, ma prendono in considerazione altre opzioni.

La prima è ridurre il risparmio, un processo che dura ormai da una decina d'anni, ossia dallo scoppio della crisi. La seconda è ricorrere alla ricchezza accumulata, smobilizzandone una parte (una possibilità che la crescita del flusso successorio rende sempre più agevole). La terza è indebitarsi, ricorrendo al cosiddetto credito al consumo (pagamenti a rate). La quarta è buttarsi a capofitto nel mondo degli sconti, delle promozioni, e sopratutto degli outlet, luoghi che permettono a chiunque di inseguire l'alta moda e il lusso a poco prezzo. La quinta è cercare di evadere le tasse, una scelta che – quando va bene (e va quasi sempre bene) – restituisce un reddito aggiuntivo gratuito, senza fatica, senza lavorare di più.

Ma l'opzione più importante – forse quella decisiva – è un'altra ancora: prendere congedo dalla cultura del possesso, e abbracciare risolutamente quella dell'uso.

Questo significa, innanzitutto, azzerare gli acquisti di beni capitali, o quasi-capitali, come casa (specie la seconda), auto, persino smartphone, rinunciando al possesso in favore di formule agili ed economiche: affitto per quel che riguarda le case, in particolare quelle delle vacanze; noleggio, leasing, *buyback* riguardo alle automobili; car sharing, ride sharing, car pooling (come BlaBlaCar), per gli spostamenti brevi; contratti mensili per quanto riguarda telefonini, abbonamenti TV, servizi su Internet.

C'è però anche un'altra faccia della cultura dell'uso: mettere a frutto i beni che si posseggono, impedendo che anche un solo euro di reddito possa andare sprecato. Tradizionalmente usata dai nobili decaduti e dai ricchi in difficoltà, nella società signorile di massa questa strategia include: affittare la propria abitazione durante le vacanze; trasformare l'azienda agricola in un agriturismo; affittare quasi tutto l'anno l'eventuale seconda casa; usare servizi come Airbnb per far fruttare anche una sola stanza della propria casa; ospitare, a pagamento, giovani stranieri che vengono in Italia per studiare; usare annunci governativi e portali Internet per mettere a reddito persino i migranti e i rifugiati, secondo lo slogan: "Ospitare un immigrato profugo in casa propria è un atto di civiltà, ma può anche rendere" (dalla piattaforma online Refugees Welcome).

La cultura dell'uso è, forse, il tratto più visibile della mente signorile. In essa confluisce l'idea fondamentale che sta dietro l'espansione dei consumi opulenti: massimizziamo le gioie della vita ora, al di fuori di ogni pianificazione del futuro. Risparmio, astensione dal consumo, sacrifici, progetti che prendono forma in un tempo lungo (la classica "vita di sacrifici" per comprare la casa), sono completamente al di fuori dell'orizzonte. Al loro posto la ricerca costante di mezzi per far sgorgare il reddito dalle cose stesse, possibilmente senza apporto di lavoro. E, insieme a questa ricerca, la sperimentazione perpetua di forme sempre nuove di consumo.

Cancellato l'orizzonte, rimosso il futuro, resta un puntiforme presente, una immediatezza del vivere, un estemporaneo gustare la vita qui e ora, così come viene, attimo per attimo. Scompare l'idea di aspettare, di investire in imprese che comportino un'evoluzione lenta e una fatica. In un certo senso, scompare il desiderio, se il desiderio è uno spazio che prevede un tempo illimitato, e consiste proprio nel tenere lontana ogni realizzazione. Una deriva che, secondo Hara Estroff Marano (editor di *Psycology Today*), sta togliendo alle nuove generazioni nientemeno che l'accesso alla felicità:

> Quando poi interviene l'ansietà genitoriale per il successo dei figli, i genitori finiscono per subentrare ai loro ragazzi, o per fare cose per loro, perché desiderano che abbiano successo e siano felici. Ma questo significa fraintendere grossolanamente che cos'è la felicità. Non si diventa felici per assenza di difficoltà. La soddisfazione più grande si ha quando ci si pone un obiettivo ambizioso, ci si impegna nel raggiungerlo, non avendo la certezza di farcela, e si raccolgono tutte le proprie forze per tendere a esso. In nessuna situazione si è più felici che in questo sprint finale verso una meta impegnativa, quando puoi quasi assaporarla ma devi ancora fare un ultimo passo per raggiungerla. È questo il modo in cui il cervello crea stati mentali positivi e un senso di soddisfazione che è di gran lunga più duraturo che comprare l'ultimo gadget.

E si noti che la denuncia, condensata in un libro che fece molto discutere in America (*A Nation of Wimps*, una generazione di "schiappe"), risale ai primi anni duemila, quasi vent'anni fa.[114]

Qualcuno potrebbe pensare che il modello culturale della società signorile di massa altro non sia, in fondo, che il *carpe diem* di oraziana memoria. Di quell'ideale di vita la società signorile di massa effettivamente mantiene la concentrazione sul presente, e una certa rassegnata consapevolezza della inanità degli sforzi di pianificare il futuro. Orazio, nella famosa ode *Tu ne quaesieris, scire nefas*, invita Leuconoe a non chiedersi quale fine gli dei ci abbiano assegnato, e anche a non consultare gli oroscopi babilonesi. Il futuro resti pure inconoscibile. Implicito, il senso che la vita vada vissuta attimo per attimo, il più possibile eludendo il pensiero della morte. Tradotto ai nostri tempi, suonerebbe un po' meno metafisico: siccome non c'è lavoro, le tasse aumentano, il clima è impazzito, la Cina ci dominerà, tanto vale godersi il presente e spendere quel poco o tanto che si ha.

Ma le analogie si fermano qui. Manca l'altra faccia della luna, un aspetto della filosofia oraziana, connesso al *carpe diem*, direi complementare, che la società signorile di massa omette o semplicemente non vede: l'elogio della capacità di apprezzare quel che si ha, la moderazione dei bisogni e dei desideri. Quel che Orazio definisce *medietas* o anche, in linea con la consapevolezza piena della nostra condizione mortale, *aurea mediocritas*: la capacità di non eccedere, di fermarsi nel mezzo. Né poco né troppo, né alto né basso. Una preziosa moderazione.

Nella società signorile di massa, al contrario, la moderazione è percepita come mediocrità e rinuncia. L'accontentarsi non è previsto, non è *glamour*. Non c'è spazio per la cruciale domanda di Skidelsky: *How much is enough*, quanto è abbastanza?

Al suo posto, la certezza che quel che si ha *non* è mai abbastanza, e che la ricerca della felicità è inseparabile dall'espansione illimitata del tempo libero e del consumo.

4. *L'ideologia della condivisione*

La società signorile di massa è fondamentalmente individualista, come lo sono, o lo sono diventate, tutte le società del benessere che hanno adottato la democrazia e il libero mercato. L'individualismo, del resto, è uno dei tratti caratteristici (e dei limiti riconosciuti) delle società democratico-liberali. Dominate dal culto dell'individuo e dei suoi diritti, esse appaiono sempre meno capaci di assicurare un grado adeguato di coesione sociale. È da questa osservazione che trova alimento e giustificazione la critica dei filosofi comunitaristi al liberalismo: in una società altamente individualista, è inevitabile che la cultura civica, intesa come volontà di spendere tempo e risorse per il bene comune, finisca per appassire, e prima o poi ci si trovi tutti a giocare in proprio o, per dirla con la celebre analisi di Robert Putnam, a giocare a bowling da soli (*Bowling Alone*, Putnam 1995).

E tuttavia, in alcuni punti e per alcuni aspetti, la società signorile di massa lo è in modo diverso e specifico.

Questo non dovrebbe sorprenderci. Dobbiamo sempre tenere a mente, infatti, che ciò che definisce la società signorile di massa non è solo l'elevato benessere raggiunto (un aspetto che accomuna la maggior parte dei paesi OCSE), ma sono due tratti distintivi ulteriori: l'esistenza di una maggioranza di non-lavoratori, e la coscienza che il gioco è diventato a somma zero, perché l'economia non cresce più. Da queste due specificità della società signorile di massa, derivano almeno due conseguenze cruciali: una certa patologizzazione dei rapporti intrafamiliari, avviluppati nelle spire del doppio legame, e l'esasperazione dei meccanismi della competizione fra individui. Il fatto che la torta delle risorse non aumenti più, e anzi rischi di assottigliarsi, non può che incattivire il gioco della loro appropriazione, che diventa sempre meno creativo, cioè sempre meno orientato a generare nuova ricchezza, e sempre più meramente redistributivo o spartitorio.

La mente signorile, dunque, è senz'altro una variante della mente individualista, di cui condivide alcuni tratti fondamentali, ma è una variante che – come ora vedremo – tende ad assumere una propria fisionomia speciale e riconoscibile.

Individualismo ieri e oggi

Che cos'è l'individualismo?

Per capirlo occorre, innanzitutto, distinguere fra due interpretazioni del termine. Per la prima, individualismo è sinonimo di egoismo, materialismo, relativismo morale, *self-interest*. Per la seconda, individualismo significa volontà di autorealizzazione, desiderio di dispiegare pienamente il proprio potenziale umano, ricerca dell'autenticità come progressiva scoperta di sé stessi.[115]

La distinzione è molto importante, e ha profondamente diviso i filosofi. Per alcuni l'etica dell'autorealizzazione altro non è che una forma mascherata di egoismo, che tenta di nascondere la sostanza dell'individualismo. Una sostanza che per Daniel Bell è l'edonismo, per Christopher Lasch è il narcisismo, per Allan Bloom è il relativismo morale e l'autoindulgenza, ma che per tutti e tre è negativa in quanto egoistica.

Per altri, primo fra tutti il filosofo canadese Charles Taylor, quello dell'autorealizzazione è invece un potente ideale morale, che certo può degenerare in narcisismo-edonismo-autoindulgenza, ma va comunque difeso e promosso, proprio per impedirne la degenerazione.

Quale che sia la lettura che si vuole dare dell'ideale dell'autorealizzazione, il punto fondamentale è che è questa l'accezione moderna dell'individualismo. Le società avanzate, e quella signorile di massa non fa eccezione, sono fondamentalmente individualiste nel senso che i loro membri tendono a seguire l'imperativo dell'autorealizzazione.

Ma in che cosa si sostanzia questo imperativo oggi?

Qui le questioni si fanno più intricate.

Tradizionalmente, perseguire l'ideale dell'autorealizzazione significava cercare di raggiungere una certa meta, spesso definita da una condizione professionale, ma non di rado anche da condizioni di altro tipo: costituire una famiglia, comprare una casa in campagna, acquisire un certo bene più o meno prestigioso, riuscire a ottenere una determinata laurea, fondare un'associazione, essere ammesso in un determinato club, vincere un campionato sportivo. Questi modi di perseguire l'autorealizzazione, in campo professionale o in altri ambiti, comportavano soltanto di mettere in atto gli sforzi necessari per realizzare il proprio sogno. Sforzi non di rado fatti anche di fatica, sacrifici, rinunce, ma soprattutto della capacità di attendere.

Oggi è sempre meno così. Oggi per molti, specie se non lavorano, autorealizzazione significa scegliersi un terreno di gioco, che è quasi sempre legato al consumo e al modo di impiegare il tempo libero,[116] e cercare di "essere qualcuno" su quel terreno.[117] Di qui un completo capovolgimento del modello classico di autorealizzazione: le attività prescelte per costruire sé stessi sono perlopiù gratificanti e, di norma, non comportano alcuna attesa.

Vale ovviamente per lo svago, il cibo, le vacanze, il consumo culturale. Ieri si leggevano i libri, ora si va alle presentazioni, ai festival, alle fiere, a veder parlare l'autore. Assai più gratificante che stare a casa, da soli, a leggere.

Ma vale anche per l'impegno pubblico, che giustamente Albert Hirschman, in *Felicità privata e felicità pubblica*,[118] classifica fra le attività che, lungi dall'avere un costo per chi le pratica, "hanno in sé stesse la propria ricompensa". Così come vale per le infinite attività connesse al bisogno di socialità o alla scoperta di sé stessi: partecipare alla vita di un'associazione, essere membro di una comunità religiosa, frequentare un gruppo di meditazione.

Lo sforzo non sta più nel raggiungere, faticosamente e nel tempo, una meta o una posizione cui si ambisce, e il cui valore è già socialmente riconosciuto. Il vero sforzo sta nel trovare la nicchia in cui emergere, nel convincere gli altri che quella nicchia ha valore, e che noi stessi ne siamo occupanti significativi. Il che, nell'era di Internet, tipicamente significa diventare promotori di sé stessi, quotidianamente impegnati nella fatica di Sisifo di coltivare i propri follower, massimizzare la propria reputazione, valorizzare la propria immagine. Una valorizzazione che, a quanto pare, deve essere innanzitutto visiva, e potenzialmente rivolta a tutti.

Se le cose stessero diversamente, non si capirebbe l'abnorme proliferazione dei selfie (con l'annesso variopinto mondo delle aste-selfie), né perché milioni di persone sentano l'imperativo di filmare, videoregistrare, comunicare, trasmettere una frazione così ampia della propria vita quotidiana anche quando, ed è la maggioranza dei casi, quella vita non ha nulla di eccezionale o interessante.

Non che questi fenomeni siano del tutto nuovi. Ricordo, ad esempio, che negli anni sessanta e settanta, nei ceti medio-alti capitava di essere costretti, dopo una cena a casa di amici, ad assistere alla proiezione di decine (qualche volta centinaia) di diapositive a colori, che illustravano con dovizia di particolari le luccicanti vacanze dei padroni di casa. Ma ricordo anche che la cosa era percepita come una manifestazione di cattivo gusto, un'indebita ostentazione di status, e che un invito a cena veniva accettato pregando Iddio che non includesse un'ora di diapositive. Non esclamavamo ancora, morettianamente: "No, il dibattito no!" ma anticipavamo Nanni Moretti con un più sommesso: "Speriamo che non ci siano le diapositive."

Qual è la novità dunque?

La condivisione come ideologia

Le novità sono tante. Innanzitutto, ciò che era episodico e giudicato di cattivo gusto è diventato sistematico e ordinario (un noto giornalista-scrittore italiano ha scritto che fare *sexting*, ossia far circolare in rete immagini del proprio corpo audaci o pornografiche, è perfettamente normale).

Una seconda novità, al di là del tempo smisurato che dedichiamo a mostrare noi stessi, è la banalità del materiale che trasmettiamo di continuo, perlopiù dialogando sui social e postando messaggi e video con il telefonino. Questo materiale può essere di qualsiasi tipo, ma quasi sempre è semplicemente scadente e di nessuna rilevanza: piatti che si stanno mangiando (la recente moda del "food selfie"), panorami che si stanno vedendo, video più o meno spiritosi che si sono trovati in rete, commenti più o meno arrabbiati su quel che c'è scritto in un blog, resoconti più o meno compiaciuti di una nostra performance, immagini di nipotini alla recita scolastica. Chiunque abbia uno smartphone, e una anche piccola rete di amici e conoscenti, può constatare ogni giorno che una frazione non trascurabile del tempo di ognuno è dedicata a mostrare qualcosa di sé e della propria vita.

La novità cruciale, però, è il registro entro il quale tutta questa attività di autopromozione ed esibizione del consumo viene raccontata. Lungi dal rendersi conto che la partita che viene giocata ha come posta lo status dei giocatori, perlopiù misurato con i *like* che ricevono, il promotore di sé stesso preferisce percepirsi intento a "condividere" con gli altri le sue esperienze. La condivisione, ancor più della comunicazione, è la marca distintiva dell'individualismo nell'era di Internet. È questa la mossa chiave che fa scattare la necessaria inversione di significato: ciò che potrebbe apparire vanità, ostentazione, esibizione, fastidiosa interferenza, indebita intrusione, nel registro della condivisione esce trasfigurato come premura, partecipazione, socialità, donazione di sé.

Strano: il verbo condividere (con-dividere, dividere con altri) ha sempre voluto dire, innanzitutto, suddividere fra più persone qualcosa che si possiede. È per questo, perché condividendo ci si priva di qualcosa a favore di altri, che il verbo rimanda a solidarietà, dono, amicizia, sollecitudine, ed è connotato positivamente. Nell'era di Internet, tutto al contrario, chi condivide non si priva di alcunché,[119] e condividere diventa invadere le vite altrui con la propria. Curiose derive della lingua...

Da che cosa è dipesa una simile transizione?

Come è stato possibile che, in pochi decenni, la competizione si sia spostata dal piano dell'acquisizione di posizioni di status elevate alla ricerca di nicchie di notorietà e di riconoscimento?

Una risposta, ovviamente, è che il consumo opulento e la differenziazione dei consumi hanno essi stessi fornito un nuovo e più ampio terreno di gioco. Se ieri il nocciolo dello status sociale di un individuo era racchiuso nella risposta alla domanda: "Che mestiere fai?" oggi – grazie all'espansione del mondo del consumo – è racchiuso semmai nella risposta alla domanda: "Che vita fai?" Una commessa che compra un pacchetto turistico per godersi una vacanza da sogno nei Caraibi può sentirsi più in alto del commercialista che non va in ferie perché sommerso dalle dichiarazioni dei redditi, a dispetto del fatto che il commercialista ha una laurea e guadagna venti volte più di lei.

Questa spiegazione, tuttavia, non sarebbe sufficiente se, nel tempo, non fossero cambiate anche altre cose. Forse la principale è che la competizione di status tradizionale è diventata terribilmente poco promettente. Quel tipo di competizione – troppe volte lo si dimentica – era basata sul fatto che l'economia crescesse e il numero dei posti pregiati disponibili aumentasse, il che consentiva al cosiddetto ascensore sociale di fare più corse all'insù che corse all'ingiù. È questo quel che era accaduto allorché le società agricole sono diventate industriali. È questo che è accaduto di nuovo quando le società industriali sono diventate terziarie o, appunto, postindustriali.[120] Ed è precisamente questo che, invece, oggi non succede più, perché cresciamo di meno (o non cresciamo affatto), e nelle società postindustriali il numero dei posti pregiati è sostanzialmente costante.

A fronte di questa crescente difficoltà a competere per lo status, è accaduto che la forza dell'ideale egualitario o, per dirla con Kenneth Minogue, la forza del "progetto di livellare il mondo", si sia di molto accresciuta. La scomparsa del "mondo della deferenza",[121] ha reso infinitamente più difficile che nel passato l'accettazione delle gerarchie, di qualsiasi tipo siano e in qualsiasi ambito si manifestino. Di qui la necessità di trovare terreni sui quali i vissuti di inferiorità potessero essere neutralizzati, se non capovolti in vissuti di superiorità. È chiaro che, da questo punto di vista, spostare la competizione dal terreno delle posizioni (professionali e di ruolo) a quello del consumo e dei modi di impiego del tempo libero, poteva risultare una strada assai promettente.

Quella strada, tuttavia, non sarebbe stata percorsa con tanta determinazione e con tanta efficacia se, negli ultimi vent'anni, la diffusione di Internet, lo sviluppo dei social e l'invenzione dello smartphone non avessero fornito a tutti l'arena in cui misurarsi. È grazie a questo "salto di connettività" che, nel giro di pochissimo tempo, la competizione sociale ha cambiato natura. Ora, nella grande arena della rete, chiunque può sceglersi il terreno su cui costruire la propria identità, su cui provare a scoprire sé stesso come essere unico e irripetibile. E, se ci sa fare, diventare un blogger supercliccato, una star del web, un influencer. Insomma, "qualcuno", non uno dei tanti.

Individualismo estremo e mente signorile

Per certi versi, almeno nel contesto italiano in cui per la prima volta ha preso forma, la mente signorile può essere descritta come un caso estremo di individualismo. Qui, anche grazie ad alcune peculiarità del carattere (e della storia) nazionale, l'individualismo ha raggiunto punte che pare difficile osservare in altri paesi. Lo testimoniano diverse statistiche, come il numero di proprietari di case, il numero di auto e telefonini per abitante, la resistenza a fare figli, la diffusione del lavoro autonomo, la scarsa propensione a consorziarsi e "fare sistema", come oggi si ama dire. Ma lo testimonia anche l'osservazione diretta, che ci ripropone quotidianamente innumerevoli episodi di anarchia, elusione delle regole, mancanza di senso civico, o semplicemente di ricorso a soluzioni individuali per problemi collettivi.

Sarebbe un errore, tuttavia, leggere tutto questo esclusivamente o prevalentemente nel registro dell'egoismo e dell'egocentrismo. L'individualismo, inteso come adesione incondizionata all'ideale dell'autorealizzazione, può benissimo avere un contenuto altruistico. È anzi tipico delle società liberali, proprio perché sono costitutivamente individualiste, mettere in atto meccanismi di compensazione dell'individualismo stesso. Lo ha ricordato, giusto una ventina di anni fa, Marcello Veneziani in una delle più lucide analisi dell'etica liberal, o progressista.

La generosità è il correttivo sociale dell'individualismo liberal [...]. Il senso della generosità rappresenta il contrappeso altruistico e umanitario alla visione soggettiva e individuale dello spirito liberal perché evoca impegno sociale.

L'etica della generosità, cara alla cultura progressista, è però solo uno fra molti esempi di "contrappeso altruistico".

In Germania Jürgen Habermas, anch'egli consapevole del declino dei legami comunitari, invoca la "solidarietà fra estranei" come meccanismo correttivo delle spinte individualiste della modernità. L'idea è che, in una società pluralistica, sempre più attraversata da conflitti culturali, alla crisi della partecipazione e alla rarefazione dei legami sociali diretti si possa rispondere solo attraverso l'accettazione di regole comuni, inscritte nelle costituzioni liberaldemocratiche e codificate nel diritto, e attraverso l'esercizio di virtù civiche non fondate sulla simpatia, la prossimità, la condivisione di valori, o una storia comune. Come ha scritto efficacemente Davide Sparti,[122] per Habermas "la convivenza richiede virtù artificiali, ossia una forma di solidarietà giuridica fra cittadini reciprocamente estranei e tuttavia disposti a darsi reciproche garanzie".

Una visione, quella di Habermas, da cui non discende alcuna forma di impegno diretto, a contatto con i destinatari della nostra solidarietà, ma semmai derivano le forme più moderne e fredde della solidarietà: donazioni in denaro a organismi impegnati in qualche buona causa, dalla ricerca sul cancro alla lotta contro la fame nel mondo; adozioni a distanza di fanciulli dei paesi poveri; creazione di fondazioni o associazioni benefiche; partecipazione a ricevimenti, cocktail, eventi culturali a sostegno dell'altro (malati, poveri, emarginati), in cui l'altro è tanto enfaticamente evocato quanto immancabilmente assente.

Negli Stati Uniti, invece, la medesima funzione di moderare le pulsioni individualiste, potenzialmente egoistiche, della società americana, è stata da alcuni affidata a qualcosa che è l'esatto contrario della solidarietà fra estranei: l'empatia, ossia la capacità di mettersi nella situazione mentale degli altri, fino a riviverne i sentimenti, le emozioni, gli stati d'animo. Forse la presa di posizione più risoluta a favore dell'empatia è stata quella di Barack Obama, che in uno dei suoi discorsi da presidente degli Stati Uniti così si espresse:

Il più grande deficit che abbiamo nella società e nel mondo in questo momento è un deficit di empatia. Abbiamo un grande bisogno di persone che siano in grado di mettersi nei panni di qualcun altro e vedere il mondo attraverso i suoi occhi.

Un punto di vista spesso ribadito e difeso dagli esponenti dell'establishment democratico, ad esempio in questa dichiarazione di Hillary Clinton a seguito di un grave episodio di violenza della polizia di New York:

La cosa più importante che ognuno di noi possa fare è provare con ancor più forza a vedere il mondo attraverso gli occhi dei nostri vicini… A immaginare che cosa sia trovarsi nei loro panni, a condividere il loro dolore, le loro speranze, i loro sogni.

Criticato da molti studiosi[123] su basi neurofisiologiche, psicologiche e soprattutto etiche (in quanto genererebbe scelte inique: chi scalda i nostri cuori non è quasi mai il più bisognoso di aiuto), resta il fatto che l'invito a coltivare le proprie capacità empatiche ha un ruolo centrale nella cultura progressista e non solo in essa: vi ricorrono la Chiesa, le organizzazioni umanitarie, più in generale il vasto mondo del fund raising a scopi benefici, persuaso che le immagini – se sono drammatiche o toccanti – possano scuotere le coscienze e incentivare le donazioni in denaro.

Né possiamo dimenticare, in questa breve rassegna, il più classico strumento autocorrettivo della cultura individualista, diffuso un po' in tutto l'Occidente ricco, ma particolarmente radicato nei paesi anglosassoni: il politicamente corretto. Brandito come meccanismo di lotta contro le discriminazioni, non si sarebbe imposto così agevolmente se non fosse anche un potente meccanismo di sostegno dell'io. È proprio perché siamo benestanti e fondamentalmente egocentrati che sentiamo la necessità di manifestare di continuo la nostra sollecitudine verso i deboli. Questo ci fa sentire buoni, giusti, equi e solidali, così irrobustendo la nostra autostima: e l'autostima è una componente essenziale del progetto di realizzare sé stessi.

Con una cruciale differenza rispetto al passato, fatto di beneficenza, mutualismo, impegno pubblico, associazionismo di base. Il meccanismo del politicamente corretto, a differenza dell'antica cultura civica descritta dai grandi sociologi americani e ancor viva nei primi decenni del dopoguerra, non viaggia dal basso verso l'alto, attraverso la rete delle associazioni, ma scende dall'alto verso il basso, attraverso la pedagogia di massa con cui i media e l'élite culturale cercano di spiegarci come dovremmo vivere, pensare, atteggiarci verso gli altri.[124] Il politicamente corretto non è il segno della forza e della salute della cultura civica, ma è – tutto al contrario – la risposta delle società individualiste al declino della cultura civica stessa. Una parabola ben illustrata dall'opera di Robert Putnam, partito con lo studio della tradizione civica delle regioni italiane del Centro-Nord, vista come ingrediente fondamentale della democrazia, e mestamente approdato a raccontare la progressiva scomparsa della cultura civica negli Stati Uniti (nel già citato *Bowling Alone*), un processo di erosione del "capitale sociale" iniziato già nel corso degli anni sessanta.

Quanto all'Italia, il correttivo principale alle spinte egoistiche della cultura individualista sembra essere il volontariato, nelle sue innumerevoli forme laiche e cattoliche, ecologiste e sociali, impegnate e apolitiche, nazionali e transnazionali. Ma, attenzione, il volontariato non è il contrario dell'individualismo, semmai ne è la più compiuta (e forse più alta) espressione. Aiutare gli altri, fortunatamente, è uno dei modi in cui, nelle società individualiste e ipersecolarizzate, molti individui trovano il modo di realizzare sé stessi: un nesso, quello fra autorealizzazione e altruismo, che in Italia è vividamente riconoscibile nell'espansione parallela, negli ultimi vent'anni, del consumo opulento e del volontariato, dello svago e dell'impegno pubblico.[125] Che poi tale impegno possa, per alcuni e in certe circostanze, presentarsi anche come un "dispendio ostentatorio di buona volontà", secondo la celebre definizione di Bourdieu,[126] non ne sopprime gli effetti benefici, ma semmai lo rende perfettamente omogeneo ai due imperativi centrali del nostro tempo: mostrare conformità ai diktat morali imperanti, ed esporre le nostre vite alla vista altrui.

Con ciò, siamo forse arrivati al punto che ci stava a cuore, lo specifico della mente signorile, al di là del suo essere una manifestazione estrema della cultura individualista del nostro tempo. Uno specifico che non è solo il doppio legame nei rapporti intrafamiliari, il "subconscio successorio" del giovin signore, o il *carpe diem* rivisitato in modo da escludere la moderazione nei consumi.

Nella società signorile di massa, lo abbiamo visto, l'assenza di crescita fa sì che l'accesso alle risorse economiche sia un gioco a somma zero. Ma il fatto che le mie vincite siano tue perdite (e viceversa) mette in moto effetti psicologici importanti. Il più significativo, verosimilmente, è uno spostamento dei termini di paragone da cui dipende la soddisfazione individuale, la nostra personale felicità:[127] non più la nostra condizione passata, rispetto alla quale un tempo cercavamo (e spesso riuscivamo!) a elevarci, ma la condizione altrui. È con quest'ultima che ora, volenti o nolenti, siamo indotti a confrontarci. Di qui un aumento della competizione e dell'invidia sociale, con l'aggravante che ora l'invidia stessa non ha modo di trovare sbocchi, repressa e travestita com'è dall'ideologia della condivisione. Una ideologia la cui prima funzione è di occultare il fatto che spesso i consumi comunicati, mostrati, condivisi, nella vita reale come in rete, altro non sono che permanenti richieste di conferma, approvazione, riconoscimento di status. Forse, in fondo e in ultima analisi, richieste di ammirazione.

Come la gioventù di Leopardi che "mira ed è mirata", la mente signorile si manifesta con il gesto di rendersi visibile, di esibire qualcosa, di mostrare – attraverso il modo in cui si vive – quello che si è, o si ama pensare di essere, o si desidera gli altri vedano di noi.

Un gesto cui, a quanto pare, è divenuto difficile sottrarsi.

5. Il futuro della società signorile di massa

1. Solo in Italia?

Siamo solo noi? Fra le società avanzate l'Italia è l'unica a essersi trasformata in una società signorile di massa?

Per rispondere a questa domanda dobbiamo cercare di applicare la nostra definizione, basata su tre condizioni strutturali – maggioranza di non-lavoratori, opulenza, stagnazione – a ciascuna delle altre società avanzate.

La prima condizione, che i cittadini che non lavorano siano più numerosi di quelli che lavorano, risulta rispettata[128] da tre soli paesi: Grecia, Spagna, Lussemburgo.[129]

La terza condizione, essere in stagnazione, è strettamente rispettata[130] da due soli paesi: Grecia e Giappone.

Dunque, già prima di prendere in considerazione la seconda condizione (livello di benessere), possiamo dire che un solo paese – la Grecia – rispetta le altre due, ed è quindi candidato ad affiancare l'Italia come società signorile di massa.

E la seconda condizione, quella dell'opulenza?

Non occorre una definizione statistica esatta per rispondere che la Grecia chiaramente non la rispetta. Su ventinove economie avanzate, quella greca si posiziona quartultima in termini di ricchezza e terzultima in termini di reddito disponibile. Se poi limitiamo il confronto ai paesi europei, la Grecia è penultima in termini di ricchezza, ultima in termini di reddito. Quanto al confronto con l'Italia: la nostra ricchezza pro capite è il doppio di quella dei greci, il nostro reddito è del 50% superiore a quello greco.[131]

Dunque nemmeno la Grecia è una società signorile di massa, anche se per ragioni diverse dal Giappone, dalla Spagna e dal Lussemburgo: il Giappone non lo è perché i giapponesi sono ancora forti lavoratori, la Spagna e il Lussemburgo non lo sono perché le loro economie, con tassi di crescita prossimi al 3%, sono ben lontane da un regime di stagnazione.

Conclusione: l'Italia, fra i paesi avanzati, risulta essere l'unica società signorile di massa.

Per ora. Ma in futuro? Ci sono paesi che, per il loro assetto sociale, la loro cultura, lo stato della loro economia, potrebbero in futuro affiancare l'Italia, trasformandosi anch'essi in società signorili di massa?

Per provare a rispondere a questa domanda, ho effettuato un esercizio: assegnare a ogni paese una sorta di DNA, o sequenza di tratti, che rileva l'assenza o la presenza – nel

suo assetto attuale – degli aspetti più tipici della società signorile di massa.

I tratti selezionati[132] sono i seguenti:

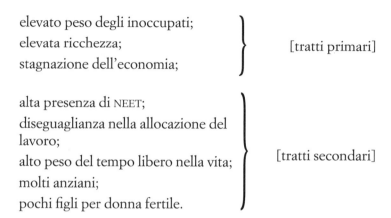

elevato peso degli inoccupati;
elevata ricchezza;   [tratti primari]
stagnazione dell'economia;

alta presenza di NEET;
diseguaglianza nella allocazione del
lavoro;
alto peso del tempo libero nella vita;   [tratti secondari]
molti anziani;
pochi figli per donna fertile.

Come si vede, fra essi non compaiono solo le tre condizioni (tratti primari) che definiscono una società signorile di
massa – pochi occupati, molto benessere, economia stagnan-
te – ma anche importanti elementi collaterali (tratti seconda-
ri), soprattutto di tipo culturale e demografico: la scelta dei
giovani di non cercare attivamente lavoro, l'allocazione ine-
guale del lavoro, il primato del tempo libero, l'invecchiamen-
to della popolazione, la tendenza delle donne a non fare figli.

Con questo procedimento, un sistema sociale può essere caratterizzato con la sua sequenza di tratti: una sequenza 1 1 1 1 1 1 1 1 significa che tutti e otto i tratti "signorili"

sono presenti, una sequenza 1 0 0 0 0 0 1 1 significa che sono presenti solo il primo tratto e gli ultimi due. E così via.

La sequenza ha un contenuto di informazione pari a 8 bit, ossia a un byte (in informatica un byte = 8 bit), e costituisce una sorta di DNA del sistema sociale considerato. Un semplice conteggio del numero totale di 1 (dove 1 significa: quel tratto è presente) ci fornisce un'idea rozza ma molto chiara e intuitiva di quanto il DNA di un determinato sistema sociale si avvicini a quello di una società signorile di massa. Le società con il numero maggiore di tratti sono le candidate naturali a evolvere verso il "modello italiano".

Ed ecco i risultati ordinati in base al numero totale di tratti (bit) signorili di ciascun paese.

Paese	bit tot.	bit1	bit2	bit3	bit4	bit5	bit6	bit7	bit8
Italia	8	1	1	1	1	1	1	1	1
Grecia	7	1	0	1	1	1	1	1	1
Belgio	6	1	1	0	1	1	1	1	0
Francia	6	1	1	0	1	1	1	1	0
Finlandia	6	1	0	0	1	1	1	1	1
Giappone	5	0	1	1	0	0	1	1	1
Spagna	5	1	0	0	0	1	1	1	1
Austria	5	0	1	0	0	1	1	1	1
Germania	5	0	1	0	1	0	1	1	1
Paesi Bassi	5	0	1	0	0	1	1	1	1
Cipro	5	1	0	0	1	1	1	0	1

Paese	bit tot.	bit1	bit2	bit3	bit4	bit5	bit6	bit7	bit8
Lussemburgo	4	1	1	0	0	1	0	0	1
Regno Unito	4	0	1	0	1	0	1	1	0
Malta	4	1	0	0	0	0	1	1	1
Irlanda	4	1	1	0	1	0	1	0	0
Svizzera	3	0	1	0	0	0	0	1	1
Norvegia	3	0	1	0	0	0	1	0	1
Danimarca	3	0	1	0	0	0	1	1	0
Portogallo	3	1	0	0	0	0	0	1	1
Svezia	3	0	1	0	0	0	1	1	0
Cile	3	1	0	0	1	1	0	0	0
Canada	2	0	1	0	0	0	0	0	1
Stati Uniti	1	0	1	0	0	0	0	0	0
Australia	1	0	1	0	0	0	0	0	0
Corea	1	0	0	0	0	0	0	0	1
Nuova Zelanda	1	0	1	0	0	0	0	0	0
Messico	1	1	0	0	0	0	0	0	0
Islanda	1	0	1	0	0	0	0	0	0
Israele	0	0	0	0	0	0	0	0	0

Tab. 9. DNA delle ventinove società avanzate.

Fonte: FDH su EUROSTAT, OECD, CS (Credit Suisse).

Come si vede, ancora una volta l'Italia risulta l'unico paese che possiede *tutti* i tratti caratteristici della società signorile di massa.

La Grecia viene immediatamente dopo, perché le

manca un solo tratto, la ricchezza. Ma dopo la Grecia, che ha sette tratti su otto, troviamo tre società che ne hanno sei su otto: il Belgio, la Francia e la Finlandia.

Le prime due, Belgio e Francia, si allontanano dal profilo perfetto di una società signorile di massa per due ragioni, le medesime in entrambi i paesi. La prima è il tasso di fertilità femminile, che è relativamente alto, e imprime ancora un certo dinamismo al sistema sociale. La seconda è che l'economia non è ancora entrata in stagnazione. Dico "ancora", perché il tasso di crescita degli ultimi cinque anni è prossimo all'1.5%, mentre per il 2019 e il 2020 le previsioni sono di un tasso di crescita ancora più basso, appena al di sopra dell'1%. Per il resto – propensione al lavoro, percentuale di NEET, peso degli anziani, reddito pro capite, ricchezza accumulata – Belgio e Francia sono perfettamente pronte ad affiancare l'Italia come società signorili di massa. Ma forse sarebbe più preciso dire: a "sorpassare" l'Italia. Su tutti gli indicatori economici, infatti, Belgio e Francia superano di parecchie posizioni l'Italia. Se l'Italia, come abbiamo visto, può già – per il livello dei suoi consumi – essere considerata una società opulenta, Belgio e Francia sono società superopulente, che non classifichiamo come signorili di massa solo perché il loro tasso di crescita non è ancora sceso sotto l'1%. Se nei prossimi anni dovessero anch'esse entrare in stagnazione, costituirebbero il prototipo perfetto di società signorile di massa, perché il loro adagiarsi sul benessere conquistato avverrebbe a un livello più elevato di quello italiano.

Il caso della Finlandia è diverso, e molto interessante. La Finlandia è l'unico paese del Nord che ha reagito alla crisi espandendo l'interposizione pubblica[133] e, al tempo stesso (e forse proprio per questo motivo), è l'unico paese del Nord che, dopo la crisi, non è tornato a crescere a un ritmo sostenuto.[134] Nel quinquennio 2014-2018, mentre la maggior parte delle economie avanzate cresceva a ritmi superiori al 2%, e alcune al di sopra del 3%, la Finlandia si attestava sull'1.5%, proprio come Francia e Belgio. A differenza del Belgio e della Francia, tuttavia, la Finlandia non è una società superopulenta, e forse nemmeno opulenta. La sua ricchezza accumulata, un tratto cruciale per il funzionamento di una società signorile di massa, è la metà di quella del Belgio, e di oltre il 25% inferiore a quella dell'Italia.

Per tutto il resto, la Finlandia è perfettamente allineata al profilo di una società signorile di massa: molti giovani NEET, poco lavoro e concentrato su pochi, tanti anziani, basso tasso di fertilità femminile. Se dovesse diventare un po' più ricca, e a quel punto smettesse di crescere, entrerebbe anch'essa nel club delle società signorili di massa.

Le società restanti, ventiquattro in tutto, sono abbastanza lontane dal prototipo della società signorile di massa, anche se per ragioni ogni volta diverse.

C'è un gruppo di paesi che ne è distante per il semplice fatto che i suoi standard di benessere sono ancora troppo lontani dal livello delle società più ricche. Rientrano sicuramente in questo gruppo il Cile e il Messico e, forse, la Corea del Sud; in Europa, Portogallo e Cipro, cui forse occorrerebbe aggiungere Malta e Spagna, che si trovano in una regione di confine fra società ad alto e a basso benessere.

C'è un altro gruppo di paesi che, pur avendo raggiunto alti standard di benessere, ne è distante perché in essi la cultura del lavoro è ancora resiliente, come si può facilmente verificare da un'ispezione del loro DNA, in cui risultano sempre assenti due o più "cromosomi" del non-lavoro: elevata presenza di NEET, tasso di inoccupazione sopra il 50%, concentrazione del lavoro su pochi, primato del tempo libero.

Di questo gruppo fa sicuramente parte il Giappone, che per il resto è quasi perfettamente aderente al prototipo: economia in stagnazione, record del mondo di anziani, basso tasso di fertilità femminile. Il resto del gruppo è costituito in massima parte da paesi di cultura protestante, come i paesi scandinavi, quelli di area germanica, o di matrice anglosassone.[135]

A quanto pare il nesso fra cultura del lavoro e tradizione protestante è molto stretto, in armonia con il grande affresco di Max Weber nell'*Etica protestante e lo spirito del capitalismo*. Lo possiamo verificare notando come il numero di cromosomi del non-lavoro varia in funzione della tradizione religiosa.

Tradizione	Numero di cromosomi del non-lavoro
Cattolica (o ortodossa)	2.86
Mista	1.75
Protestante	1.33

Tab. 10. Tradizione religiosa e cultura del non-lavoro nelle società di tradizione cristiana.

Fonte: FDH su CS, EUROSTAT, OECD.

Come si può vedere dalla tabella, che riguarda tutti i paesi di tradizione cristiana indipendentemente dal livello di benessere, il numero di cromosomi del non-lavoro risulta vicino a tre (il massimo è quattro) nei paesi cattolici o ortodossi,[136] si riduce a circa due nei paesi in cui protestanti e cattolici hanno un peso simile, ma scende in prossimità di 1 nei paesi a maggioranza protestante.

Ma esistono paesi in cui i cromosomi della cultura del non-lavoro sono *tutti* assenti?

Sì, ne esiste uno e solo uno: Israele.

Israele è un caso straordinario perché esso è l'unica società avanzata in cui non solo non è presente nessuno dei cromosomi del non-lavoro, ma sono assenti anche *tutti* gli altri tratti che caratterizzano una società signorile di massa. In Israele il livello di benessere è considerevole, ma resta un po' al di sotto di quello di paesi come l'Italia, l'Irlanda, la stessa Spagna: Israele non è ancora una società opulenta. Quanto agli altri tratti, sono tutti, per così dire, anti-signorili: pochi anziani, un tasso di fertilità eccezionale (il più alto del mondo sviluppato), una piena e incondizionata adesione alla cultura del lavoro, un tasso di crescita del 3.5%, fra i più alti delle società avanzate. Nel giro di pochi anni, Israele potrebbe diventare una società opulenta, ma restando immune da tutti gli handicap delle società signorili di massa.

In un certo senso, Israele è l'esatto contrario dell'Italia, come certifica il suo DNA in cui non è presente *nessuno* dei bit che descrivono il profilo di una società signorile di massa.

Possiamo stupircene?

Forse no, a ben riflettere. Da un punto di vista sociologico, Israele è un caso unico. Essa è infatti l'ultima, e unica, società di tipo occidentale che è rimasta sostanzialmente "durkheimiana", a dispetto della modernizzazione dell'economia e dell'evoluzione dei costumi. Una società è durkheimiana se, nella sua cultura e nel suo funzionamento, la dimensione collettiva prevale su quella individuale. Una caratteristica che tutta la storia di Israele testimonia, dall'esperienza "socialista" dei kibbutz alla mobilitazione permanente a difesa dei confini e della sicurezza interna.[137]

Ecco perché non dobbiamo essere stupiti. La società italiana è, non da ieri, una società profondamente individualista, avversa alle regole, anarchica, scarsamente sensi-

bile al richiamo dell'interesse collettivo: una caratteristica
che, da più di mezzo secolo, attira l'interesse dei sociologi
e dei politologi, e nel tempo ha stimolato una mole di studi
empirici sulla nostra anomalia, da quelli sulla cultura civica
a quelli sull'evasione fiscale.[138]

Del resto, lo abbiamo visto, la mente signorile può
essere descritta precisamente come una forma estrema di
individualismo. Qualcuno può sorprendersi se il DNA di
Israele, la società meno individualista dell'Occidente, risulta essere l'esatto opposto – una sorta di immagine riflessa –
di quello dell'Italia, il paese più individualista?

2. Ombre del benessere

Di per sé, il fatto che una società diventi opulenta e smet-
ta di crescere non dovrebbe costituire un problema. Così
come non dovrebbe costituire un problema la circostanza
che si lavori poco, un fatto che può anche essere giudicato
una conquista (era questa, del resto, l'opinione di Marx, di
Keynes e di Russell). Potremmo tranquillamente inscrive-
re il fenomeno società signorile di massa nell'ambito di un
progresso andato a buon fine, dire che ce l'abbiamo fatta,
che siamo "arrivati".

Invece, il quadro dipinto finora può a tratti apparire
inquietante, e consegnarci il dubbio che essere una civiltà

al suo apice non sia proprio rose e fiori, ma implichi qualche non irrilevante zona d'ombra; che non sia così facile e sereno "vivere da signori"; e che ci siano persino risvolti in qualche modo drammatici.

Perché il quadro che abbiamo tracciato fin qui è così pieno di ombre?

Una parte della risposta è che ci sono problemi che la società signorile di massa porta necessariamente con sé, perché sono inerenti alla sua logica interna: negatività sostanziali, costitutive, inevitabili. L'altra parte della risposta è che il modo tutto italiano di essere una società signorile di massa aggrava la situazione.

Fra i problemi intrinseci e ineliminabili della società signorile di massa vorrei richiamarne qui almeno due, di cui abbiamo ampiamente parlato in precedenza: uno di natura strutturale, l'altro di tipo psicosociale.

Il primo è che, dal momento che determinati lavori faticosi, sgradevoli, pericolosi o stressanti non sono né eliminabili né facilmente automatizzabili, una società signorile di massa non può sussistere senza una robusta infrastruttura paraschiavistica, in parte assicurata da nativi, in parte assicurata da immigrati stranieri. Osservata da questa angolatura, l'apertura delle frontiere ai migranti andrebbe vista più come un modo per soddisfare le (egoistiche) esigenze delle società opulente, che come (generosa) manifestazione di un raggiunto livello di civiltà. Né dobbiamo dimenticare, d'altra parte, che una società signorile di massa non è una società in cui tutti sono ricchi, ma si avvicina semmai – per questo aspetto (e solo per esso)[139] – al modello della società dei due terzi, o della società dei tre quarti, in cui una maggioranza benestante convive con una minoranza abbastanza lontana dagli standard di consumo della prima, e in alcuni casi decisamente povera.

Il secondo problema è che, quale che sia la tradizione culturale o religiosa entro la quale la società signorile prende forma, il combinato disposto fra stagnazione e concentrazione del lavoro su una minoranza della popolazione non può non avere effetti psicologici rilevanti. Fra essi ricordiamo: il doppio legame in cui si vengono a trovare impigliati, nella medesima famiglia, coloro che producono il reddito e coloro che si limitano a consumarlo; la presenza diffusa del subconscio successorio fra le giovani generazioni, con conseguente ritiro dal mercato del lavoro; e, infine, l'invidia sociale e la mentalità del *carpe diem*, entrambe indotte dalla consapevolezza che il futuro non sarà migliore del passato, la torta del reddito non crescerà più, e dunque le opportunità di *ego* non potranno che essere a scapito di *alter*.

Scaviamo più a fondo, in questo male dell'invidia sociale che si lega a individualismo sfrenato e competizione permanente. Il problema, già efficacemente descritto negli anni settanta da Fred Hirsch in *Social Limits to Growth*, è che in una società opulenta, che abbia ampiamente soddisfatto i bisogni primari, inevitabilmente crescono peso e importanza dei cosiddetti "beni posizionali", che traggono il loro valore innanzitutto dal fatto di essere riservati a una minoranza, se non a un'élite. Sono i beni che portano a una "posizione", che consentono (o illudono) di occupare un posto nel mondo, anche minimo ma sufficientemente illuminato. Fino a ieri poteva essere possedere un Suv, conseguire una laurea, permettersi una vacanza in località esclusive. Ma questi beni sono fonte di soddisfazione e strumenti di ascesa sociale solo fino a quando, e nella misura in cui, la loro diffusione è limitata. Oggi sono diventati di massa.

Di qui, una catena di conseguenze sociali e psicologiche.

La prima è che, in una società in cui il benessere materiale è ormai largamente diffuso, l'ulteriore crescita – largamente basata sull'accesso a beni posizionali – non può mantenere la classica promessa delle democrazie di "rendere ciascuno classe media": se il successo di ciascuno si misura rispetto alla posizione degli altri, è semplicemente impossibile – per ragioni logiche – che il successo arrida a tutti, in grave contraddizione con l'ideologia egualitaria delle società avanzate.

Questo però è niente in confronto a quel che capita quando, come nella società signorile di massa, la crescita viene meno. Ora il problema centrale non è che gli sfor-

zi di ascesa sociale si rivelano fatiche di Sisifo, ma il fatto
che l'arte di distinguersi è costretta continuamente a cercare vie nuove, diverse da aumenti di reddito divenuti oggettivamente improbabili, e comunque mai generalizzati.
In parole semplici, se il Suv ce l'hanno ormai quasi tutti,
se la laurea è conseguibile da un numero sempre crescente
di giovani (e comunque ha perso valore), se alle Maldive ci
va chiunque lo desideri, se la spiaggia esclusiva di un tempo ora è affollata da bagnanti di ogni provenienza sociale,
scovare beni che siano ancora posizionali si fa sempre più
arduo.

Quali strategie, dunque, perseguire? Come fare per
marcare la propria diversità, il proprio essere speciali e possibilmente superiori?

Dipende dal punto di partenza.

Per i ceti medi e medio-bassi, scatta uno dei fenomeni
più tipici del nostro tempo: la ricerca di nicchie di consumo e di vita in cui potersi sentire qualcuno, magari anche
solo come follower di una star, o come influencer in un
piccolo gruppo, più spesso come membro riconosciuto di
un'élite autoproclamata tale. Una ricerca che si svolge su
un enorme spettro di possibilità, modulate essenzialmente dalla condizione economica e sociale. Si può tentare di
essere qualcuno perché si mostrano in diretta Facebook le
proprie gesta – ad esempio guidare di notte a duecentocin-
quanta chilometri per raggiungere la discoteca – a una pic-

cola cerchia di amici e seguaci, come si può esserlo perché si entra in una tribù alimentare, che fa del cibo giusto una ragione di vita.[140]

Ma si può seguire anche un percorso più sofisticato. Secondo la sociologa e urbanista americana Elizabeth Currid-Halkett, autrice del libro *La somma di piccole cose*, la ricerca di identità e di riconoscimento ha dato addirittura luogo, negli Stati Uniti, alla formazione di un nuovo tipo di élite e di una nuova classe sociale, la "classe aspirazionale", basata non tanto sulla condizione economica quanto su una speciale sensibilità etica ed estetica.

Ecco come la descrive in un breve video di presentazione del libro:

Questa élite non si definisce solo attraverso la ricchezza ma attraverso il capitale culturale. Cosa intendo con "capitale culturale"? Be', bevono latte di mandorla, vanno spesso a lezioni di pilates, comprano cibo sano e indossano vestiti per il pilates in ogni occasione. Inoltre leggono l'*Economist* e hanno un abbonamento al podcast dell'NPR e allattano i loro figli. Questo è tutto capitale culturale. E anche se non si tratta di Rolex o di scarpe Louboutin, è un segno di appartenenza a questa parte della società molto esclusiva.

Una esclusività che, a parere dell'autrice, non può non sollevare problemi di eguaglianza:

È interessante notare come, nonostante questo tipo di abitudini non sembri appariscente, ha delle profonde implicazioni per la società. Infatti, riproduce il privilegio in modo completamente nuovo. [...] Questa élite dedica anche molto tempo e denaro alla scelta dei negozi, scelgono cibo biologico, si interessano ai diritti degli animali, o alle uova pastorizzate. Tutte queste cose sembrano scelte per migliorare la società, e certamente, in qualche modo, lo sono. Ma il problema è che fanno anche parte della crescente diseguaglianza della nostra società [...]. Pertanto, in modi diversi, questa nuova élite è più informata, più attenta all'ambiente di qualsiasi altra; ma d'altra parte queste abitudini creano grandi divisioni nella società.

E i ceti alti e altissimi?

Per i ceti alti, in un'epoca in cui il consumo è diventato di massa, il problema si fa paradossale: se la società di massa diventa signorile, i veri signori cosa fanno, come si distinguono? Come farà l'1% della popolazione a marcare la differenza col restante 99%?

Qui la distinzione tende a farsi strada lungo due vie: l'astensione dal consumo (una sorta di "frugalità ostentatoria"), e i consumi etici, come gli acquisti "equi e solidali" e l'impegno pubblico, possibilmente visibile e proclamato, quando non in favore di telecamera.[141]

Volendo tentare un quadro approssimativo e per forza semplicistico, i *veri signori*, oggi, a differenza della *mas-*

sa dei nuovi signori, comprano pochi abiti e pochi oggetti; mai gioielli né argenteria; spogliano le loro case di quadri, tappeti e ninnoli vari; mangiano poco, ma bene; fanno (o meglio, fanno fare) marmellate con la frutta dei loro orti; invitano gli amici a casa e non al ristorante; leggono libri, preferibilmente di carta; si abbonano a giornali online, preferibilmente stranieri; non guardano programmi televisivi, ma le serie su Netflix; e per le vacanze non scelgono località di grido iperaffollate, ma preferiscono ritirarsi nelle loro avite proprietà di campagna, con piscina e servitù, defilati, riparati all'ombra di un bosco; o si rintanano sullo yacht di amici, girovagando anonimi per i mari, possibilmente senza mai scendere nei porti.

Insomma, nell'epoca della condivisione e ostentazione, meglio evitare le folle e i "consumi cospicui"; nell'epoca dell'abbondanza, ricchezza o opulenza di massa, meglio abbandonare l'accumulo di beni materiali e uno stile di vita vistoso.

La società signorile *non di massa* non può che affermare valori in controtendenza, per sottrazione, apparentemente dimessi e sotto tono: il silenzio, la campagna, il vuoto, la frugalità, l'artigianalità, l'essenzialità spoglia. Una "semplicità di vita" che assomiglia solo da lontano a un anticonsumismo, o a una decrescita felice, o a un pauperismo francescano: è una semplicità volontaria molto identitaria ed esclusiva, che si fonda su raffinatezza e cultura, e affonda le sue radici nelle origini familiari e in un'istruzione privilegiata. È il lusso di una vita nascosta anziché esibita, in un tempo in cui tutti invece si mostrano ed esibiscono: quasi il *láthe biósas* di Epicuro, un "vivere nascosto" che allora era anche astensione dalla vita pubblica, e che oggi invece recupera l'impegno attraverso l'appartenenza ai circoli illuminati e giusti, l'uso di un linguaggio colto e non degradato, l'esercizio retorico del politicamente corretto, e un'azione sociale costante di solidarietà e beneficenza.

Ma ora torniamo all'Italia, perché il modo in cui il nostro paese è diventato una società signorile di massa possiede alcuni tratti peculiari.

Sul piano strutturale non si può non notare che la transizione da semplice società dei consumi, quali eravamo ancora alla fine del secolo scorso, a società signorile di massa non ha abolito il divario Nord-Sud, ma semmai lo ha accentuato. Se la stagnazione dell'economia accomuna le due Italie, per il resto le cose divergono. L'opulenza, pur diffusa in tutto il territorio nazionale, è principalmente una caratteristica delle regioni del Centro-Nord, ancora fortemente immerse nella civiltà del lavoro. Il consumo del surplus da parte dei non-produttori, anch'esso presente in tutto il territorio nazionale, è prevalentemente una caratteristica delle regioni del Sud. Da questo punto di vista l'Italia è sì una società signorile di massa, ma lo è in quanto le sue due metà si sono, in certo senso, suddivise il lavoro della transizione, divenendo ciascuna sempre più quello che era in nuce: una società opulenta ma ancora operosa il Nord, una società non ancora pienamente opulenta ma già inoperosa il Sud.

Uno squilibrio che è aggravato da una complicazione: la presenza, in vaste porzioni del territorio nazionale, dell'economia sommersa (con un valore aggiunto dell'ordine di 200 miliardi) e dell'economia illegale (con un valore aggiunto e un patrimonio di entità sconosciuta).[142] L'effetto di queste due realtà non è solo di rendere ancora più accentuato lo squilibrio fra l'economia (prevalentemente regolare) del Centro-Nord e l'economia (largamente irregolare) del Sud, ma di amplificare, soprattutto nella società meridionale, la diseguaglianza fra il "mondo di sopra", che accede al consumo signorile anche perché evade le tasse e ignora le leggi, e il "mondo di sotto", che fornisce al primo la forza lavoro e la manovalanza criminale che gli sono necessarie per prosperare.

Nessuno sa quanto vale l'economia illegale, ma non si può non notare che, non essendo computata nel PIL, ed essendo i suoi proventi accentrati nelle mani di pochi, la sua mera presenza rende la società signorile di massa – specie al Sud – ancora più opulenta e diseguale di come l'abbiamo descritta noi, che ci siamo basati soprattutto su dati ufficiali.

Questo squilibrio tra le due Italie è ovviamente importante in sé, come testimonia un secolo e mezzo di studi sulla questione meridionale (e dagli anni novanta su quella settentrionale[143]), ma diventa cruciale se vogliamo capire quello che, forse, è il tratto culturale più caratteristico con cui la società signorile di massa si è affermata in Italia: il vittimismo con cui pensiamo a noi stessi, specie quando parliamo di giovani, povertà, precarietà, diseguaglianze.

Alimentato da oltre un decennio di stagnazione, il vittimismo dilaga a dispetto dei nostri elevati standard di vita anche perché lo sostengono e lo amplificano i due racconti fondamentali con cui ci siamo abituati a descrivere noi stessi. Quello del Nord, che fin dai tempi della nascita della Lega (fine anni ottanta) vede nell'inefficienza, negli sprechi, nella corruzione e nell'illegalità del Sud l'origine di tutti i nostri mali. E quello del Sud, che descrive sé stesso come abbandonato da tutto e da tutti, afflitto da povertà, disoccupazione, emarginazione, precarietà.

Il dualismo Nord-Sud e il vittimismo non sono però l'unica peculiarità della società signorile di massa in salsa italiana. L'altra peculiarità, ma forse dovremmo chiamarla anomalia, sta nella struttura dei consumi, ovvero nel modello di impiego del tempo libero che è prevalso in Italia, un modello che non ha riscontri in nessun'altra società avanzata. Questo modello è, in un certo senso, l'esatto opposto di quanto Keynes e Russell auspicavano per una società che avesse definitivamente "risolto il problema economico", e quindi liberato tempo per attività diverse dal lavoro. Per loro il tempo liberato avrebbe dovuto essere usato per elevare il livello di istruzione e raffinare il gusto di tutti, in modo che ognuno potesse "sfruttare con intelligenza il proprio tempo".

Le cose, come sappiamo, sono andate un po' diversamente, ma in nessun paese così diversamente come in Italia. Se compariamo l'Italia agli altri paesi sotto questo profilo, quello dell'uso del tempo e del denaro che il progresso tecnico ha regalato alla maggioranza della popolazione, non possiamo non rilevare almeno tre anomalie.

La prima è che siamo agli ultimi posti nella maggior parte degli indicatori del livello di istruzione. Fra i paesi OECD solo il Messico ha meno laureati di noi, fra i paesi europei solo la Romania. Quanto ai lettori di libri, la maggior parte dei paesi europei ha indici di lettura decisamente più alti dell'Italia.[144]

La seconda anomalia, verosimilmente connessa alla prima, è che il nostro uso della rete privilegia nettamente il telefonino sul computer, ed è essenzialmente orientato a svago e divertimento – dai videogiochi ai vagabondaggi in rete – piuttosto che all'informazione e allo studio.

La terza è che spendiamo una frazione spropositata del nostro reddito e del nostro tempo nel gioco d'azzardo, legale e illegale: in nessuna società avanzata accade nulla di simile.

Complessivamente, queste tre anomalie ci restituiscono un'immagine del nostro paese piuttosto sconcertante: siamo, in definitiva, un paese che non studia, non legge e gioca. Ma sconcertante è anche il fatto che le speranze di ascesa sociale, un tempo legate allo studio e al lavoro, ora si riducano alla scommessa di bruciare le tappe dell'ascesa sociale con una puntata al gioco del lotto, o con la partecipazione a un programma di quiz in TV.[145] E ancora più sconcertante, forse, è la crescente incapacità di occupare il tempo vuoto con l'arte dell'ozio, fatto semplicemente di solitudine, contemplazione, pensiero, amicizia. E persino di noia.

Si potrebbe pensare che questo non sia un problema, meno che mai una nevrosi, e che dopotutto Keynes e Russell, per non parlare di Orazio, siano uomini di altre epoche e di un altro mondo, portatori di idee ed esigenze che hanno fatto il loro tempo. Ma allora ascoltiamo che cosa ha da dire una giovane donna perfettamente inserita nel nostro tempo e nel mondo di oggi, la rapper M¥SS KETA (si scrive così...), notissima icona del mondo underground milanese, che gira per strada mascherata, parla di sé stessa in terza persona, balla nei locali più cool, e pubblica album e video di successo:[146]

L'idea che se non esci la sera sei uno sfigato te la inculca il sistema sociale, che trasforma in consumo anche il tempo libero. Pare quasi che se passi un'ora a non fare nulla sei strano. I tempi morti non sono più accettati, devi riempire ogni buco dell'agenda... Forse ci dovremmo riappropriare del diritto di non fare nulla. In un mondo così, l'ultima ribellione possibile è annoiarci tutti insieme.

Suppongo che Keynes e Russell sottoscriverebbero.

3. Signori per sempre? Il nodo della produttività

Giunti a questo punto, non possiamo non farci la domanda chiave: può farcela, una società signorile di massa, a mantenersi in equilibrio con molto benessere, poco lavoro, nessuna crescita?

In generale penso di sì, almeno in teoria. Quello della crescita è un dogma che si può anche abbandonare senza per questo aderire al dogma speculare della decrescita, felice o infelice che sia. Anche se la maggior parte degli economisti è restia ad accettarla,[147] l'ipotesi della "fine della crescita" è ormai ampiamente diffusa fra la gente, non importa qui se per rassegnazione o per saggezza. Riemerge, a oltre settant'anni dalla pubblicazione del capolavoro di Polanyi (*La grande trasformazione*, 1944), l'idea che quella del capitalismo sia una semplice parentesi nella storia dell'umanità. Così come, per Polanyi, il mercato è stato solo uno dei tre modi attraverso cui gli uomini possono regolare i loro rapporti reciproci (gli altri due essendo la redistribuzione e la reciprocità), così oggi un manipolo di economisti[148] comincia a sospettare che anche la crescita finirà presto per essere considerata nient'altro che una parentesi di un paio di secoli nella storia delle società umane. Ed è significativo che, in entrambi i casi, a innescare questo genere di riflessioni sia stata una crisi: la grande crisi del 1929 nel caso di Polanyi, la lunga crisi iniziata nel 2007 nel caso dei teorici della fine della crescita.

Se le cose stessero soltanto così potremmo prenderla con filosofia. Dopotutto abbiamo raggiunto un buon livello di benessere, e non c'è nulla di intrinsecamente negativo nel tornare a essere società statiche, in cui il reddito pro capite non cresce più, o cresce al ritmo lentissimo a cui è cresciuto negli ultimi diecimila anni. Perché preoccuparsi dunque?

Ma le cose non stanno *solo* così. Il progetto di restare opulenti senza crescere si scontra con due difficoltà, forse non insuperabili ma di cui occorre essere consapevoli. Della prima abbiamo già parlato all'inizio di questo libro, quando abbiamo notato che la società signorile di massa non è una società fredda come le società del passato descritte da Lévi-Strauss. Delle società fredde condividiamo la staticità economica, ma non quella sociale, culturale e tecnologica. Il fatto che le nostre istituzioni, i nostri costumi e gli oggetti di cui ci circondiamo si trasformino di continuo, e a una velocità mai vista nel passato, solleva un interrogativo inedito: saremo capaci di vivere in una società in cui tutto cambia forsennatamente, noi stessi siamo continuamente sollecitati a cambiare abitudini, ma il nostro reddito non aumenta più?

Supponiamo di esserne capaci. Resterebbe una seconda difficoltà: ormai tutte le società avanzate sono economie aperte, che dipendono pesantemente dall'esterno. Questo significa che abbiamo bisogno dei mercati finanziari per rifinanziare il debito pubblico, e delle importazioni per acquistare beni e servizi che ormai producono solo gli altri, ma di cui abbiamo bisogno anche noi: materie prime, energia, macchinari, medicinali, beni di consumo tecnologici.

Da queste due dipendenze, dai mercati finanziari e dalle importazioni, discendono due necessità. La prima, ben nota, è di avere i conti pubblici sotto controllo, per contenere i costi del finanziamento del debito ed evitare crisi di fiducia sui mercati finanziari. La seconda è di avere esportazioni competitive, con il cui ricavato finanziare le importazioni, di cui un'economia moderna non può fare a meno.

Ed eccoci al punto. Un'economia che ha smesso di crescere ha più difficoltà a finanziare il debito pubblico, sia perché ha meno risorse di un'economia in cui la torta del PIL aumenta ogni anno, sia perché – a parità di altre condizioni – i tassi di interesse richiesti dai mercati finanziari sono tanto più alti quanto meno il paese cresce. Ma il nodo cruciale, ancor più importante dei conti pubblici in ordine, sono le esportazioni. Per poter continuare a importare i beni che ci servono, dobbiamo riuscire a esportarne per un valore comparabile, ossia a produrre sempre meglio e di più: le nostre merci e i nostri servizi devono essere capaci di reggere la concorrenza degli alti paesi. Il che significa: anche se accettiamo di non crescere più in termini di reddito, dobbiamo nondimeno correre come matti per non perdere posizioni rispetto ai nostri concorrenti. È come affannarci su un tapis roulant che scorre in senso contrario: la nostra corsa (per diventare più efficienti) serve solo a non farci andare indietro (nel tenore di vita).

Si può fare?

Sì, si può fare, ma a una condizione: una società signorile di massa può galleggiare sul livello di benessere raggiunto a patto che la sua produttività cresca a un ritmo non inferiore a quello dei paesi con cui è costretta a misurarsi sui mercati internazionali. Se la produttività rallenta, o addirittura smette di crescere, si finisce per esportare di meno, e quindi si è costretti a ridurre le importazioni, o ad affrontare i rischi di una crisi finanziaria. A quel punto la stagnazione si trasforma in decrescita, se felice o infelice lo lascio giudicare a voi.

E l'Italia? L'Italia potrebbe, ammesso che lo volesse, adagiarsi sul livello di benessere raggiunto, entrando in una stagione di crescita zero?

Detto altrimenti: se ci convincessimo che quel che abbiamo ci basta, e accettassimo tutte le anomalie culturali, psicologiche ed esistenziali con cui ci siamo abituati a convivere, potremmo – una volta che la crescita si è arrestata – almeno conservare il benessere che abbiamo raggiunto?

No. Su questo la mia risposta è risolutamente negativa. Non solo e non tanto per il livello del nostro debito pubblico, che richiederebbe molta inflazione e parecchia crescita per essere almeno in parte riassorbito, ma per la dinamica della produttività del lavoro, uno dei fattori chiave da cui dipende la competitività delle nostre merci. Ebbene, l'Italia è l'unico paese del mondo sviluppato in cui la produttività media del lavoro è rimasta ferma per oltre vent'anni, dalla fine degli anni novanta a oggi.

Un fatto sbalorditivo, se si pensa che il progresso tecnico e organizzativo non è certo mancato in questi anni, e dunque da almeno due decenni deve essere stato all'opera qualcosa di diabolico, o terribilmente distruttivo, che annulla i benefici del progresso tecnico. Che cosa sia questo fattore, o questo complesso di fattori, che elide il progresso tecnico, nessuno lo sa con certezza. Se debbo avanzare un'ipotesi, azzarderei: è soprattutto la normazione, o meglio la ipernormazione, che moltiplica i centri decisionali e gli adempimenti, complica le procedure, allunga i tempi delle autorizzazioni, e per questa via aumenta i costi di produzione.

Se in un'ora di lavoro, grazie al progresso tecnico, produco 102 pezzi anziché 100 come l'anno scorso, la produt-

tività del lavoro aumenta del 2%. Ma se per produrre quei
102 pezzi le norme vigenti mi impongono più adempimenti e dunque più costi, il valore aggiunto non aumenta di 2,
ma aumenta di meno, e può persino vanificare il mio incremento della produttività fisica. E poiché la produttività si
usa misurarla sul valore aggiunto, non è poi così strano che
possa non crescere, o diminuire a dispetto del progresso
tecnico.

Ma che cosa mi fa pensare che sia proprio la ipernormazione, fatta di sempre nuove leggi e nuovi enti regolatori,
il fattore chiave? In fondo la complessità della burocrazia
e della legislazione italiane sono sempre esistite, mentre
la produttività ha bruscamente rallentato la sua corsa solo
verso la fine degli anni novanta, e si è del tutto bloccata dagli anni duemila.

Ho cominciato a pensare al ruolo cruciale della ipernormazione leggendo un interessante saggio dell'economista
Giuseppe Schlitzer sul "paradosso della produttività", e ri-
flettendo su alcuni dati da lui presentati.[149] Di quel saggio mi
hanno colpito molte cose (a partire dall'onestà intellettuale
dell'autore), ma quella che più mi ha incuriosito è che, a differenza della maggior parte degli studiosi che si sono occupati del problema della produttività, Schlitzer dà molto credito
a una possibile concausa: la "devolution all'italiana", ovvero
il decentramento amministrativo iniziato nel 1997 con le leggi Bassanini, e completato nel 2001 con la riforma del Titolo

V della Costituzione: un processo che, tra mille traversie (compresa la riforma abortita[150] del 2009), ha trasformato completamente l'ambiente in cui le imprese e gli altri operatori economici sono costretti a muoversi, e che potrebbe essere stato aggravato dalla necessità, sempre più stringente dopo gli accordi di Maastricht (1992), di incorporare nella nostra legislazione – già farraginosa per conto suo – l'enorme massa di direttive provenienti dall'Unione Europea.[151]

Nel suo saggio, Schlitzer attira l'attenzione sulla coincidenza temporale fra l'avvio del decentramento amministrativo e il rallentamento della dinamica della produttività:

> Guarda caso proprio nel corso degli anni novanta si dà avvio a un cambiamento radicale dell'assetto istituzionale dello Stato italiano. Con la legge Bassanini del marzo 1997 [...] inizia il processo di decentramento dello Stato italiano, noto anche come "devolution". Questo progetto, condiviso da tutti i partiti politici, verrà portato a termine nel 2001 con la riforma del Titolo V della Costituzione. In nessun altro paese europeo, a eccezione del Belgio che nel 1993 è divenuto uno stato federale, si è assistito a un processo di decentramento fiscale e amministrativo di simile portata a favore delle regioni.

Dopo aver osservato che la riforma, mettendo sul medesimo piano ben cinque "strutture paritetiche" (comuni, province, città metropolitane, regioni, stato) e introducendo le materie "concorrenti" (ossia ambiti in cui le decisioni devono essere prese da più attori istituzionali), ha comportato un aumento del peso della burocrazia e dell'ingerenza su di essa esercitata dai partiti politici, amaramente prosegue:

> Per coloro che, come chi scrive, operano al servizio dell'industria, esistono pochi dubbi che il processo di devolution abbia drammaticamente complicato la vita delle imprese. L'ampia discrezionalità di cui godono le autonomie locali, nelle materie economiche, ambientali e di regolazione dell'attività dei territori, ha notevolmente accresciuto l'incertezza nel quadro giuridico […], generato ampi spazi per fenomeni di corruttela […], e ritardato lo sviluppo infrastrutturale del paese.

La conclusione di Schlitzer è nel registro della cautela e dell'understatement:

> Un'analisi degli effetti sulla crescita e in generale sull'economia reale della devolution è complessa e non risulta ancora tentata. Ma vi sono pochi dubbi che tale effetto sia stato negativo e, a mio avviso, possa essere una concausa del declino della produttività in Italia.

La mia impressione, in realtà, è che Schlitzer abbia più ragione di quanto lui stesso ritenga. Tra i dati riportati nel suo lavoro, infatti, ve n'è uno[152] che corrobora notevolmente la sua interpretazione: fra i quattordici paesi occidentali da lui analizzati quello che presenta la dinamica della produttività più lenta è proprio il Belgio, ossia l'unico paese europeo che, negli anni novanta, è passato a un assetto federale, disarticolando e decentrando la pubblica amministrazione su ben sei tipi di enti: comuni, distretti, province, regioni, comunità, stato. E curiosamente, ma forse non per caso, il Belgio è – insieme alla Francia – il paese che più si avvicina al tipo ideale della società signorile di massa, da cui lo separa ancora un tasso di crescita un po' superiore alla soglia di stagnazione. A quanto pare il rallentamento prolungato della dinamica della produttività – un male che finora ha afflitto solo l'Italia e il Belgio[153] – è l'anticamera dell'ingresso in stagnazione: il Belgio, se questa analisi ha qualche fondamento, potrebbe essere il primo paese ad affiancare l'Italia come società signorile di massa.

Giusta o sbagliata che sia l'ipotesi di Schlitzer, resta il fatto che, in Italia, la produttività è ferma da vent'anni. Possiamo molto disquisire sulle cause, ma il punto è che, se la produttività non cresce, non solo è difficile far crescere il PIL, ma alla lunga diventa difficile anche solo conservare il livello raggiunto.

Ecco perché il ristagno della produttività è il nostro problema centrale. Finché questo dato di fondo non cambierà, pensare di poter galleggiare sul benessere conquistato resterà un'ingenua illusione.

4. Il futuro davanti a noi

Come andrà a finire?

Fare previsioni è difficile, se non altro perché non sappiamo che cosa farà la politica, né come cambieremo noi. Quel che possiamo tentare di immaginare, però, è che cosa succederà se non si fa nulla. Ovvero, se noi stessi resteremo quello che siamo diventati, e la politica – come è purtroppo facile prevedere – non avrà il coraggio di affrontare il nostro problema centrale: l'elettroencefalogramma piatto della produttività.

Il ristagno della produttività, combinato con la nostra preferenza per il tempo libero, renderà sempre più difficile aumentare ancora la nostra ricchezza. Prima o poi (più prima che poi), la stagnazione si trasformerà in declino. Un declino lento ma sicuro, una sorta di progressiva "argentinizzazione" del paese.

I soldi finiranno. Spiace metterla così, ma – se nulla cambia – è difficile immaginare un esito diverso. La verità è che il giovin signore ha fatto male i suoi conti. È vero che ha le spalle coperte dalla famiglia, è vero che può permettersi di non lavorare o di lavoricchiare, è vero che, male che vada, potrà vivere dell'eredità che gli avranno lasciato le generazioni operose, quelle dei genitori e dei nonni. Ma ci sono un paio di guai in vista.

Primo guaio: la vita è lunga, ormai non è raro vivere

oltre gli ottanta e i novant'anni. E se la vita è lunga, e si è lavorato poco, e le riserve si assottigliano, la pensione potrebbe non bastare. L'importo delle pensioni, fra trenta o quarant'anni, sarà minore per tutti (perché ci saranno tanti vecchi e pochi lavoratori),[154] ma sarà ancora minore per chi avrà cominciato tardi a versare i contributi, perché tardi si è deciso ad accettare un lavoro.

Secondo guaio: il giovin signore potrebbe, prima o poi, aver messo al mondo un figlio (più difficilmente due o tre), con il quale non potrà essere generoso come i suoi genitori sono stati con lui.

Insomma, se le prospettive per i nostri figli non sono granché, quelle per i nostri nipoti sono a dir poco inquietanti. Se Keynes poteva plausibilmente immaginare, quando quasi un secolo fa scriveva *Prospettive economiche per i nostri nipoti*, che nel giro di un secolo l'umanità avrebbe risolto "il suo problema economico", ossia sarebbe diventata sufficientemente ricca (almeno in occidente), oggi noi possiamo solo chiederci quanto tempo ci metteremo a ritrovarci di nuovo alle prese con il "problema economico", perché abbastanza ricchi non lo saremo più.

È ineluttabile tutto questo?

Qualcuno pensa di no. È molto diffusa, oggi, la convinzione – ma forse sarebbe meglio dire: la speranza – che sarà il progresso tecnico a levarci d'impiccio. Sociologi ed economisti più o meno visionari immaginano un futuro in cui i robot lavoreranno al posto nostro, e la raggiunta prosperità consentirà allo stato-mamma di elargire a tutti, ricchi e poveri, un *basic income*, o reddito di cittadinanza. Visto in questa prospettiva, il progressivo ritiro della popolazione dal mercato del lavoro cessa di apparire un problema, per uscire trasfigurato come un segno dei tempi nuovi che avanzano, e del mondo nuovo in cui saremo chiamati a vivere.

Si può aderire o meno a questa visione del futuro, ma resta il fatto che il presente la rende implausibile. Non tanto e non solo perché sono numerosi i lavori non automatizzabili, ma perché il trend delle società avanzate sembra essere l'esatto opposto. Contrariamente a quel che si potrebbe supporre, il tasso di occupazione della maggior parte delle società avanzate, a dispetto della lunga crisi iniziata nel 2007, non è in diminuzione ma è in aumento. Nel decennio 2008-2018, il tasso di occupazione è diminuito soltanto in otto società avanzate su trenta, in tutte le altre è aumentato, talora anche di parecchi punti. I paesi in cui il tasso di occupazione è diminuito sono tutti europei, tranne gli Stati Uniti. E l'Italia, purtroppo, fa parte del gruppo.

Ma non è tutto. Se proviamo a classificare i paesi in base al tasso di occupazione e in base alla ricchezza pro capite, dobbiamo constatare che nei paesi ricchi si lavora di più, e non di meno, che nei paesi meno ricchi. Paesi molto prosperi come la Norvegia, la Svezia, la Svizzera hanno tassi di occupazione totale altissimi, prossimi al 70% (l'Italia è sotto il 45%).

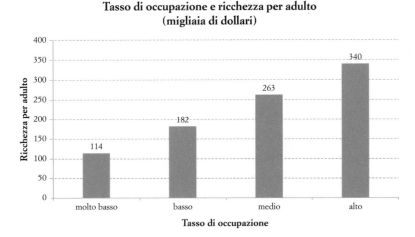

Fig. 13. Tasso di occupazione totale e ricchezza netta per adulto nel 2018 (migliaia di dollari).
Fonte: FDH su CS, OECD.

Non sembra proprio vero, dunque, che la prosperità conduca alla fuoriuscita dal lavoro. Semmai è vero il contrario: si può essere prosperi senza smettere di lavorare, o forse – ma è solo una congettura – si resta prosperi a lungo proprio perché si continua a lavorare.

La verità è che il nesso fra ricchezza, non-lavoro e stagnazione, che definisce una società signorile di massa, non ha nulla di necessario. Una società ricca può benissimo crescere e continuare a lavorare, come stanno facendo alcuni paesi del Nord (Svezia, Danimarca, Islanda) e quasi tutti i paesi non cattolici del mondo di lingua inglese: Stati Uniti, Regno Unito, Australia, Nuova Zelanda. In breve: si può essere società opulenta senza essere società signorile di massa. Questa sembra essere la strada imboccata dalla maggior parte dei paesi protestanti.

Allo stesso modo, una società che non è ancora ricca, ma non è troppo distante dalla soglia dell'opulenza, può cercare di crescere proprio per raggiungere un alto livello di benessere, ma non è affatto detto che lo faccia puntando sul lavoro. Fra le società che crescono e sono "a un passo" dal benessere, solo Israele e la Corea del Sud stanno inseguendo l'opulenza mediante il lavoro. Altre società, tutte di matrice cattolica, la stanno invece inseguendo senza investire sul lavoro. È il caso dell'Irlanda e di tutti i paesi mediterranei quasi-benestanti: Spagna, Portogallo, Malta, Cipro.

Se questi paesi raggiungeranno l'opulenza e smetteranno di crescere diventeranno anch'essi società signorili di massa, come l'Italia. Mentre se, una volta raggiunta l'opulenza, saranno capaci di crescere ancora, saranno i primi esemplari di un tipo di società fondamentalmente inedito,[155] che chiamerò *società pseudosignorile di massa*: una società opulenta, in cui il consumo signorile, diversamente da quel che accadeva nelle società signorili del passato feudale, convive con il movimento e la crescita. Per dirla con Lévi-Strauss: una società signorile calda.

Osservata da questa angolatura, la situazione dell'Italia appare in tutta la sua singolarità. Abbastanza prosperi per permettere a tanti di noi di non lavorare, non siamo abbastanza produttivi per permetterci di conservare a lungo la nostra prosperità. La produttività del lavoro del sistema-Italia non è solo ferma da vent'anni, ma è bassa, molto più bassa di quello che sarebbe richiesto dai nostri consumi (e dai nostri costumi): il fatto è che da mezzo secolo[156] viviamo al di sopra delle nostre possibilità. Ecco perché il vittimismo non è giustificato.

La società in cui viviamo è piena di problemi di ogni tipo ma, fondamentalmente, resta una società opulenta, molto più ricca di com'era qualche decennio fa. Chi rimpiange i *glorious thirty*, i gloriosi trent'anni del compromesso socialdemocratico, non sembra rendersi conto che l'ampiezza del welfare è oggi maggiore e non minore di allora,[157] e che i consumi di oggi sono di gran lunga superiori a quelli degli anni settanta e ottanta. Chi denuncia l'aumento "esponenziale" delle diseguaglianze di reddito negli ultimi decenni, ignora che l'evidenza statistica suggerisce che da vent'anni quelle diseguaglianze sono sempre più o meno della medesima entità, e forse sono persino un po' diminuite.[158] Chi dipinge i giovani come una generazione di esclusi, cui "è stato rubato il futuro", non vede l'altra faccia della luna, ovvero che oggi – grazie alla ricchezza accumulata dai loro genitori – sono molti più di ieri i giovani che possono permettersi di non fare nulla.

La realtà è che siamo succubi degli stereotipi che i mass media, ma anche una parte non trascurabile degli studiosi, instancabilmente confezionano per noi. Un "racconto", una "narrazione" (come oggi si ama dire) di cui siamo prigionieri, e che di fatto finisce per svolgere una sola funzione: nascondere quello che siamo diventati, o meglio mostrarne una faccia sola, quella che riguarda la minoranza esclusa dal benessere (spesso costituita da immigrati), allontanando lo sguardo dalla massa benestante.

L'Italia del XXI secolo è una società signorile di massa che rifiuta di prendere coscienza di sé, forse anche perché, se lo facesse, i suoi cittadini nativi non potrebbero più raccontarsi come vittime, e dovrebbero semmai riconoscere le ombre del benessere, compresa l'infrastruttura paraschiavistica su cui esso in parte riposa.

E invece vedere quello che siamo diventati sarebbe il primo passo, un passo doloroso ma indispensabile, per conservare il nostro benessere e migliorare la nostra vita. L'equilibrio su cui la società signorile di massa si regge, fatto di benessere, non-lavoro e stagnazione, è tanto apparente quanto transitorio. Apparente, perché le ombre della società signorile di massa ci accompagnano: una società che spende più nel gioco d'azzardo che nella sanità pubblica (per citare una sola delle nostre ombre), già solo per questo ha qualcosa che non va. Transitorio perché, come abbiamo visto, se non facciamo nulla il processo di "argentinizzazione lenta" sarà inevitabile, e tanto più pericoloso proprio perché lento: chi sprofonda poco per volta, difficilmente si accorge che sta sprofondando.

È paradossale, ma quel che potrebbe succedere è che il racconto vittimistico oggi prevalente, alla lunga, funzioni come una profezia che si autorealizza. Proprio perché ci rifiutiamo di prendere atto del nostro benessere e della sua fragilità, potremmo benissimo, fra qualche decennio, trovarci ad avere perfettamente ragione – arrivati a quel punto – a raccontare noi stessi nel registro delle vittime.

Il problema, dunque, è non arrivare a quel punto. Fortunatamente la varietà di esperienze delle altre società avanzate ci mostra che, in quel che una società diventa, non vi è nulla di ineluttabile, e che ogni società è padrona del suo destino. Ci sono società, come i paesi luterani del Nord, che sono diventate opulente puntando sul lavoro dei più. E altre che hanno preferito percorrere la strada opposta: prendere congedo dalla civiltà del lavoro prima di raggiungere la piena opulenza.

L'Italia sta in mezzo, perché è riuscita nel miracolo di diventare una società al tempo stesso opulenta e inoperosa, perfetta realizzazione dell'archetipo di società signorile di massa. Il rischio, ora, è di non cogliere il punto decisivo: se nulla si fa, il nostro stupefacente equilibrio è destinato a rompersi, quando la stagnazione si trasformerà in declino.

La società signorile di massa può sembrare un manufatto sociale finito e conchiuso, ma non lo è. È un prodotto a termine, con una scadenza sconosciuta nel suo DNA.

Com'è la vita per Rachael, l'indimenticabile replicante di *Blade Runner*, un film ambientato in un futuro che, per un caso piuttosto sconcertante, è proprio il 2019.

Note

1 Fra le definizioni pessimistiche: società del rischio (Beck 1986), società dell'incertezza (Bauman 1999, 2006), società (o modernità) liquida (Bauman 2000), società a somma zero (Thurow 1980). Fra quelle neutre o ambivalenti, quella di società senza padre (Mitscherlich 1963).

2 Penso in particolare a Dahrendorf (1988) e, in Italia, al gruppo di intellettuali e studiosi vicini alla rivista *Reset* (vedi ad esempio Aa.Vv. 1993). Per una chiara ricostruzione della posizione di Dahrendorf e del dibattito sulla società dei due terzi vedi Abbonizio (2019).

3 Su questa riformulazione, che mette direttamente in discussione la teorizzazione di Bobbio in *Destra e sinistra* (1994), vedi Pizzorno (1995).

4 Con Claudio Napoleoni mi laureai nel 1973, con una tesi di politica economica sul *Concetto di lavoro in Marx*.

5 In questo lavoro i concetti di sovraprodotto e surplus saranno sempre utilizzati in un'accezione restrittiva, limitata alla sfera del consumo.

6 Vedi Gambetta, Ricolfi (1978), Ricolfi (2005, 2010a).

7 Vedi, sull'Italia, La Malfa (1974), Galli, Nannei (1976), Fuà (1976), Reviglio (1977). Nei medesimi anni, analisi simili toccavano il Regno Unito, anch'esso afflitto da un'ipertrofia dell'apparato pubblico (Bacon, Eltis 1976).

8 Nel 2014 pubblicai *L'enigma della crescita*, che contiene un capitolo sulla "deriva signorile".

9   Il punto di inizio della crisi è nell'estate del 2007, con la crisi dei mutui subprime americani ma, specie in Europa, la svolta decisiva avviene solo nel 2008, con il fallimento di Lehman Brothers.

10   Nell'ambito della popolazione residente, gli stranieri divenuti cittadini italiani attraverso l'acquisizione della cittadinanza sono oltre 1 milione e 340.000 (dato al 1° gennaio 2018). Nelle statistiche ISTAT essi vengono registrati fra i cittadini italiani. Nel seguito di questo testo noi parleremo indifferentemente di cittadini italiani, o di "nativi", senza precisare ogni volta che fra essi sono inclusi anche gli stranieri che hanno acquisito la cittadinanza; inoltre i termini "straniero" e "immigrato" saranno usati in modo intercambiabile.

11   Le cifre riportate qui recepiscono le stime ISTAT della percentuale di individui poveri; le cifre sulla percentuale di famiglie povere sono un po' più basse (mediamente le famiglie povere hanno più componenti di quelle non povere). È probabile che entrambe le stime ISTAT, individuale e familiare, sovrastimino il fenomeno. Per una discussione sulle dimensioni effettive della povertà fra le famiglie di cittadini italiani, vedi cap. 3, par. 2.

12   Ovviamente un contributo non trascurabile alla produzione del surplus è fornito anche dagli occupati stranieri e dagli italiani poveri, ma il fenomeno su cui qui si vuole attirare l'attenzione è la frattura interna ai cittadini italiani fra produttori e non-produttori.

13   Qui e nel seguito, salvo diversa indicazione, i tassi di occupazione e inoccupazione sono calcolati rispetto alla popolazione ultraquattordicenne totale, e non rispetto alla popolazione da quindici a sessantaquattro anni, o da quindici a settantaquattro anni (conseguentemente non parleremo di tasso di occupazione, bensì di tasso di occupazione *totale*).

14   Fra i contributi più significativi al dibatto sulla caduta del tasso di partecipazione della forza-lavoro si possono ricordare De Meo (1970), La Malfa, Vinci (1970), De Cecco (1972), Salvati (1976).

15   Fra le società avanzate sono inclusi tutti i paesi OECD o Ue eccetto quelli ex comunisti e la Turchia. Quest'ultima ha un tasso di occupazione inferiore al 50%, ma è stata esclusa dalla comparazione in quanto il suo basso tasso di occupazione è strettamente legato alla religione (l'Islam scoraggia la partecipazione delle donne al mercato del lavoro).

16 Per "persone che lavorano" si possono intendere sia gli occupati a qualsiasi titolo e con qualsiasi orario, sia gli occupati a tempo pieno; inoltre si possono considerare sia tutti i residenti in un paese, sia la sola componente nativa; nel diagramma della figura 2, a causa delle lacune delle fonti disponibili, abbiamo considerato gli occupati totali, indipendentemente dall'orario di lavoro e dalla cittadinanza.

17 La Spagna, con un tasso di occupazione pari al 50%, è in bilico fra i due gruppi di paesi.

18 I paesi per cui è impossibile isolare il tasso di occupazione dei nativi sono i dieci paesi non europei ma appartenenti all'OECD: Australia, Canada, Cile, Corea, Giappone, Israele, Messico, Nuova Zelanda, Stati Uniti, Turchia. Se limitiamo l'analisi ai paesi europei e anziché il tasso di occupazione complessivo (nativi + stranieri), consideriamo solo il tasso di occupazione dei nativi, i paesi che cadono al di sotto del 50% di occupati diventano quattro, perché a Grecia e Italia si aggiungono Spagna e Lussemburgo.

19 Tralascio ovviamente tutti i beni e servizi più direttamente connessi alla rivoluzione digitale, come il computer, Internet, lo smartphone. Tutte cose troppo lontane dalla condizione signorile del passato, e forse – almeno a parere di alcuni storici dell'economia – non così importanti come le scoperte delle precedenti rivoluzioni industriali. Robert Gordon, ad esempio, sostiene (e io sono d'accordo con lui) che quasi nessuno, oggi, rinuncerebbe all'acqua corrente in casa per lo smartphone (Gordon 2012).

20 Per certi aspetti l'austerità della seconda metà degli anni settanta può essere considerata più grave di quella del 2012-2013 perché durata più a lungo (due crisi del petrolio, 1973 e 1979, quasi un decennio di "stagflazione"), ma soprattutto perché il livello di benessere della società italiana era sensibilmente inferiore a quello odierno.

21 Nell'elenco volutamente non compare lo smartphone, perché la seconda transizione consumistica è sostanzialmente completata già nei primi anni duemila, mentre lo smartphone si afferma solo dopo il 2007.

22 Sulla distinzione fra prima e seconda transizione consumistica vedi Ricolfi (2007).

23 Un surplus pari a tre volte il consumo di sussistenza implica che, fatto 1 il consumo di sussistenza, il consumo medio è $(3 + 1)/1 = 4$.

24 Questo ordine di grandezza si ricava dall'ultima indagine ISTAT sulla povertà assoluta, considerando una famiglia di due persone in una situazione mediana: abitare nel Centro Italia, in un comune di medie dimensioni. Giusto per dare un'idea, si può dire che il livello di sussistenza di una determinata epoca corrisponde approssimativamente al salario netto percepito dai lavoratori meno qualificati, come operaio non specializzato o usciere, corretto per tenere conto della composizione familiare prevalente (nel 1951 la famiglia italiana media aveva quattro membri, nel 2018 ne ha 2.3). Per i dettagli tecnici vedi Appendice statistica.

25 Se non esistesse alcuna associazione fra l'accesso ai tre beni, la probabilità di accedere a tutti e tre sarebbe di circa il 40%, ma poiché verosimilmente l'associazione è forte, è ragionevole supporre che l'accesso congiunto possa essere un po' superiore al 50%.

26 Con questo non si vuol dire che le tre fasi che, in Italia, hanno segnato la formazione di una società signorile di massa siano destinate a presentarsi insieme e/o nel medesimo ordine in altri contesti. Come vedremo nell'ultimo capitolo, è perfettamente concepibile che una società acquisisca le prime due caratteristiche (opulenza + maggioranza di inoccupati fra i nativi) senza entrare in stagnazione, ossia senza diventare anche una "società a somma zero".

27 Come vedremo più avanti (par. 4), dell'infrastruttura paraschiavistica fanno parte anche italiani, ma il nucleo è costituito da stranieri.

28 Per potere di acquisto di una famiglia intendo il reddito disponibile (ricostruito dalla Banca d'Italia), corretto per il livello dei prezzi del 2018.

29 Tenuto conto del fatto che il numero medio di componenti familiari è 2.3 (e ancor meno per le sole famiglie italiane), possiamo considerare come famiglia-tipo una famiglia di due persone, che a seconda dei casi possono essere due adulti, due anziani, un adulto e un anziano, un adulto e un minorenne. Per tutte queste situazioni l'ISTAT calcola soglie di povertà assoluta che, in un medio comune del Centro Italia sono vicine a 1000 euro al mese, corrispondenti a 12.000 euro annui: quasi esattamente la cifra del potere di acquisto medio del 1951 (12.800 euro).

30 A titolo di esempio vedi Piovene (1957) e la sua descrizione dei "bassi" napoletani.

31 Per reddito equivalente si intende una valutazione del reddito familiare che tiene conto della composizione della famiglia e delle economie di scala connesse alla sua dimensione; per la ricostruzione della serie del reddito equivalente è stata utilizzata la scala di Carbonaro.

32 Su questo punto vedi anche il prossimo paragrafo, in particolare la serie storica riportata nella figura 7.

33 L'espressione è anche il titolo di un libro di Geminello Alvi del 2006. Il tema delle rendite e dei privilegi indotti dall'interposizione pubblica e dai monopoli ha generato una letteratura sterminata, fin dagli anni sessanta. A puro titolo esemplificativo, oltre a Alvi (2006), ricordo le riflessioni di Napoleoni degli anni sessanta e settanta (ben ricostruite in Bellanca 2018) e, mezzo secolo dopo (2007), il libro *Il liberismo è di sinistra*, di Alberto Alesina e Francesco Giavazzi.

34 Fonte OECD, dati 2015 e 2016. I dati OECD non considerano i beni posseduti dai produttori classificati nel settore delle famiglie; se lo facessero, è probabile che l'Italia risulterebbe il paese più patrimonializzato d'Europa.

35 Vedi Cannari, D'Alessio, Vecchi (2016).

36 Vedi ad esempio Girod (1997), Russo (1998), Mastrocola (2004, 2011), Bianco (2009), Priulla (2011), Ippolito (2013).

37 Se poi dalla forma passiamo al contenuto delle tesi di laurea, posso tranquillamente testimoniare che la qualità media di una tesi di dottorato oggi, ottenuta al termine di almeno otto anni di istruzione superiore (2+3+3=8), è comparabile a quella di una buona tesi di un normale studente dei primi anni settanta, che però di anni ne richiedeva solo quattro, giusto la metà.

38 Vedi Boudon (1973).

39 So bene che definire la nostra scuola "senza qualità", oltre a irritare gli insegnanti e molti genitori, suscita, quasi automaticamente, la seguente obiezione: ma allora come si spiega che i nostri giovani, appena vanno all'estero, fanno carriera e riscuotono universale apprezzamento?
Senza entrare qui in una problematica molto complessa, mi limito a segnalare due controbiezioni:
(a) a essere senza qualità non è tutta la scuola italiana, ma è il livello medio dell'istruzione che essa impartisce, fortemente condizionato dal fatto che l'asticella della valutazione al Sud è quasi di

tre tacche sfasata rispetto al Centro Nord (un cinque in una regione del Triveneto corrisponde a un voto da sette a otto in una del Sud);

(b) i successi enfatizzati dai media riguardano una piccola minoranza dei giovani emigrati all'estero, che essendo autoselezionata in base a risorse familiari, qualità delle scuole frequentate, intraprendenza personale, non è rappresentativa della scuola italiana nel suo insieme.

Sul tema vedi anche la nota successiva.

40 C'è da fare un'importante distinzione, tuttavia: un conto è l'abbassamento come riduzione e semplificazione dei programmi, un conto è l'abbassamento dell'asticella della sufficienza e della promozione. Se si abbassa solo la seconda, gli studenti più volonterosi possono ancora ricevere un'ottima istruzione: basta che studino. Questa, a mio parere, è una delle differenze fondamentali fra la storia della scuola e quella dell'università in Italia. Mentre l'università ha abbassato sia il livello dei programmi, sia l'asticella, la scuola ha mantenuto sostanzialmente inalterati i programmi e si è limitata ad abbassare l'asticella. È paradossale, ma è proprio l'incapacità della scuola italiana di modernizzarsi (ipersemplificando i programmi) che ne ha conservato alcune virtù.

41 Citato in Ippolito (2013, p. 7).

42 Vedi *la Repubblica*, 4 gennaio 2019.

43 Come indicatore di reddito disponibile totale abbiamo utilizzato il PIL corretto per il disavanzo complessivo (indebitamento netto) della pubblica amministrazione; per tutto il periodo analizzato, che è di sessantotto anni (dal 1951 al 2018), la spesa pubblica totale è stata sempre superiore alle entrate totali salvo nel dodicennio 1953-1964.

44 Vedi riferimenti alla nota 7.

45 È interessante notare che il declino delle capacità era già evidente e conclamato alla fine del secolo scorso, anche se ben pochi erano disposti a riconoscerlo. Fra i pochi segnalo Girod (1997), Russo (1998), Simone (2000).

46 L'uso dell'espressione "paraschiavistica" per qualificare la condizione di una parte degli immigrati, e in particolare l'uso del prefisso *para-*, ha la funzione di sottolineare non solo alcune analogie con la condizione classica degli schiavi nell'antica Grecia e a Roma, ma

anche alcune significative differenze. Fra le analogie, l'interesse dei paesi di partenza a importare forza lavoro a basso costo, un punto raramente sottolineato nel dibattito pubblico (tra le eccezioni, il filosofo Diego Fusaro che – forse per amore di paradosso – ama descrivere i flussi migratori nientemeno che come "deportazioni di massa"). Fra le differenze con il passato, la circostanza che i moderni neoschiavi, diversamente da Spartaco e dai suoi seguaci, quasi mai sognano di tornare nella madrepatria.

47   La presenza di italiani nei campi è stata documentata qualche anno fa da Fabrizio Gatti, con un eccellente servizio sull'*Espresso* (Gatti 2014).

48   Vedi il resoconto del 23 gennaio 2018 sul sito del CODACONS (https:// codacons.it/).

49   Sul numero di clienti delle prostitute (comprese escort e prostitute occasionali) non esistono dati affidabili, ma solo valutazioni di larga massima, che oscillano da un minimo di 2-3 milioni (un maschio su dieci) a un massimo di nove (oltre un maschio su tre). Le stime più elevate spesso sono dovute a doppi conteggi, o all'inclusione nei calcoli di un segmento parallelo e ben poco paragonabile alla prostituzione di strada: il mercato delle escort, sempre più attivo su Internet.

50   Vedi Ginzburg (1989).

51   È verosimile che una parte dell'aumento sia dovuta alle due sanatorie intervenute nel 2009 e nel 2012. Analizzando il profilo temporale della serie delle colf e delle badanti, quello che appare incontestabile è un aumento genuino (e di proporzioni eccezionali) del numero di badanti, passate da 111.000 nel 2008 a 393.000 nel 2017.

52   Associazione nazionale famiglie datori di lavoro domestico.

53   Mi riferisco, in particolare, a un'indagine del CENSIS e dell'ISMU commissionata dal ministero del lavoro e delle politiche sociali (CENSIS, ISMU 2013). Secondo la ricerca il lavoro domestico totalmente o parzialmente irregolare si attesta al 65.5%, un valore non lontano da quello ipotizzato in una successiva ricerca Domina (Domina 2019).

54   Se i regolari sono circa 900.000, di cui il 35% conviventi, e gli irregolari sono 1 milione e 100.000, di cui solo il 12% (un terzo del 35%) convivente, i conviventi totali risultano 0.35 x 900.000 + 0.12 x 1.1 milioni = 447.000.

55 Numero di colf e badanti in nero pari a 1.5 milioni (anziché 1.1 milioni), tre famiglie servite in media (anziché due).

56 Nel calcolo non abbiamo sottratto i lavoratori del segmento I (stagionali dei ghetti) perché si tratta in massima parte di lavoratori dell'economia illegale, di cui le statistiche ufficiali del lavoro nero non tengono conto. Le cifre presentate nella tabella 1, basate su dati ufficiali, ricerche specifiche e fonti giornalistiche, sono puramente indicative, e si riferiscono alla situazione fra il 2017 e il 2018.

57 Le poche valutazioni disponibili suggeriscono che la percentuale di stranieri si aggiri intorno al 95% nel caso dei lavori stagionali in agricoltura (segmento I), al 55% nel caso della prostituzione (segmento II), al 70% nel caso dei lavori domestici (segmento III). Molto più incerta, ma presumibilmente superiore al 50%, la percentuale di stranieri nel caso dei dipendenti in nero (segmento IV).

58 Per i dettagli vedi cap. 3, par. 3.

59 Inchieste giornalistiche hanno rivelato che, specie nel mondo studentesco, esiste un circuito di distribuzione gestito direttamente da studenti, che in questo modo possono disporre di un reddito e qualche volta persino arricchirsi. Vedi, ad esempio, Bellifemine (2015).

60 Abbiamo assunto che gli spacciatori stranieri siano il 40% del totale basandoci sia sul dato delle presenze in carcere sia su quello delle condanne per crimini droga-correlati.

61 Nel calcolo abbiamo tenuto conto del fatto che certamente una parte dei detenuti non è clandestina, come risulta dai numerosi casi di retate della polizia in cui gli arrestati risultano richiedenti asilo.

62 Pare che il termine *algocracy* sia stato coniato da A. Aneesh, che lo usa nel libro *Virtual Migration*, uscito nel 2006. Il termine si riferisce ai sistemi di governance informatizzati dove è un programma, o algoritmo, che gestisce e vincola le interazioni umane con tali sistemi. Un caso estremamente interessante di algocrazia è quello degli algoritmi che gestiscono i *riders* nel settore delle consegne a domicilio del cibo (vedi Natale [2019]).

63 Dal 1° luglio 2019, in base alla legge 145/2018, alle pubbliche amministrazioni è fatto divieto di stipulare contratti di collaborazione coordinata e continuativa (co.co.co.).

64 Sentenza n. 4951 del 20 febbraio 2019.

65 Vedi ISTAT (2019a).

66 Keynes presumibilmente aveva in mente il mondo occidentale, ma il suo ragionamento lascia intendere che, sia pure con tempi diversi, anche il resto del mondo sarebbe evoluto nella medesima direzione.

67 Qui Keynes si riferisce al rendimento dei depositi bancari e degli investimenti finanziari, ossia al tipico meccanismo che, se ben governato, permette alla ricchezza di crescere su sé stessa. Come abbiamo visto nei capitoli precedenti, questo è precisamente uno dei modi in cui, specie dopo il 1992, i cittadini italiani sono riusciti ad aumentare la propria ricchezza e quindi il proprio benessere.

68 Negli Stati Uniti, uno dei pochissimi paesi per cui si dispone di serie storiche lunghe, il tempo complessivamente dedicato al lavoro è invece del tutto analogo a quello di un secolo fa.

69 Le statistiche della distribuzione del reddito mostrano che negli ultimi quindici-vent'anni: (a) le diseguaglianze fra paesi sono in forte diminuzione; (b) la diseguaglianza complessiva fra tutti i cittadini del mondo è anch'essa in diminuzione; (c) le diseguaglianze interne ai paesi avanzati sono in diminuzione in circa metà dei paesi e in aumento nell'altra metà; (d) in Italia la diseguaglianza, peraltro misurata con una molteplicità di indici non sempre concordanti, non mostra una chiara tendenza né all'aumento né alla diminuzione. Sul punto vedi il report della Fondazione Hume *La disuguaglianza economica in Italia e nel mondo* (luglio 2017). Sull'andamento delle diseguaglianze di reddito e di ricchezza in Italia vedi anche Cannari, D'Alessio (2018) e i dati raccolti nel World Inequality Database (//wid.world/country/italy/) e nel database SWIID di Frederick Solt (//fsolt.org/swiid/).

70 Il testo fondamentale di Gary Becker, *The Economic Approach to Human Behavior*, è del 1976, ma in realtà raccoglie saggi pubblicati tra il 1962 e il 1975. Vedi anche, sulla funzione di produzione familiare, Becker (1981).

71 Vedi Toffler (1970, 1980).

72 Sui cambiamenti intervenuti nei modi di passare la serata o la nottata rispetto agli anni novanta vedi le interessanti inchieste di Solaro (2019), Parmeggiani (2019).

73 Uno dei fenomeni più interessanti degli ultimi anni è l'esplosione del consumo delle NPS (New Psychoactive Substances). Si tratta di droghe sintetiche sempre nuove e diverse (immesse sul mercato più o meno al ritmo di una alla settimana), e che al momento dell'immissione – pro-

prio perché nuove – non possono essere già illegali. Vedi in proposito i rapporti dell'agenzia UE per il monitoraggio delle droghe e delle tossicodipendenze (EMCDDA), e le relazioni annuali al Parlamento del Dipartimento politiche antidroga della Presidenza del Consiglio dei Ministri.

74 Sulla tendenza a provocare artificialmente stati mentali, mediante il ricorso a sostanze naturali e chimiche, vedi Harari (2015), in particolare il primo capitolo.

75 Sullo status dei non ateniesi nel mondo greco vedi Simone (2018), in particolare il capitolo III.

76 Ci sembra che quattro mesi, da marzo a fine giugno, possa essere un intervallo di valutazione congruo, supportato dal calo progressivo, di mese in mese, delle domande presentate e del tasso di accoglimento. Non si può escludere, naturalmente, che in futuro la tendenza si inverta e le domande riprendano a salire, ma è presumibile che, in tal caso, ciò avverrebbe perché la mancanza di controlli e l'incapacità dei centri per l'impiego di offrire posti di lavoro sarebbero divenute evidenti, e quindi farebbero svanire sia il timore di controlli capaci di rivelare attività in nero, sia il timore di ricevere offerte di lavoro non rifiutabili, con conseguente obbligo di rinunciare ai redditi in nero.

77 Sui cambiamenti delle definizioni di vacanza e dei metodi di rilevazione vedi ISTAT (2003).

78 Secondo una indagine Coldiretti/Ixè di fine giugno 2019 gli italiani intenzionati ad andare in vacanza nell'estate del 2019 sarebbero 39 milioni, il che corrisponde al 65% del totale se il campione dell'indagine include gli stranieri, e al 71% se include solo gli italiani. Quanto all'andamento fra il 2018 e il 2019, secondo un'indagine ASTOI Confindustria Viaggi, l'associazione che rappresenta oltre il 90% del mercato del tour operating italiano, le prenotazioni del 2019 sarebbero in crescita fra il 5 e il 10% rispetto al 2018.

79 Rapporto FIPE 2018 sulla ristorazione, presentato il 29 gennaio 2019.

80 Per "abitualmente" il rapporto FIPE intende almeno tre-quattro volte la settimana.

81 Espressione inventata dall'antropologo Marino Niola (*Homo dieteticus*, 2015).

82 Vedi Pikler (2019).

83 Vedi Raimo (2017), in particolare il cap. VI.

84 Va precisato, tuttavia, che sia alcune inchieste giornalistiche, sia i dati INPS mostrano che la presenza italiana non è di dimensioni trascurabili, e dal 2009 è in aumento. Sul problema del rapporto fra lavoro domestico degli italiani e degli stranieri vedi Salis (2014).

85 Dico "pare" primeggiare perché sulla posizione dell'Italia nelle varie graduatorie di diffusione e penetrazione dei telefonini esistono notevoli discordanze, dovute a innumerevoli fattori, fra i quali: (a) conteggiare i dispositivi, i contratti o gli utenti unici; (b) usare come denominatore tutta la popolazione o solo le fasce centrali di età.

86 Per diffusione dei cellulari intendiamo il numero di utenti unici in rapporto alla popolazione, che in Italia si aggira intorno all'83%. La diffusione, o percentuale di utenti unici, non va confusa con la penetrazione, ossia con il numero di contratti telefonici per 100 abitanti, che in molti paesi (compresi alcuni decisamente arretrati) supera il 100%. Diverse incongruenze fra le graduatorie mondiali di diffusione dei cellulari sono dovute semplicemente al tipo di statistiche utilizzate (la Banca mondiale, ad esempio, misura la penetrazione, mentre il report Digital 2018 di We Are Social e Hootsuite utilizza la percentuale di utenti unici).

87 In realtà il numero di persone che è online (non importa se mediante PC, tablet o smartphone) è strettamente dipendente dall'intervallo di tempo considerato. Se il riferimento è l'anno e si considerano tutte le fasce di età si arriva intorno ai 55 milioni, ma se si considera un periodo più ristretto (mese o giorno) e si escludono determinate fasce di età (come nelle statistiche Audiweb) il numero di utenti unici collegati scende a circa 42 milioni su base mensile e a 34 su base giornaliera.

88 I dati non cambiano in modo apprezzabile se dalle 6 ore e 4 minuti passate su Internet viene sottratto il tempo in cui si è su Internet per lavoro, che secondo il report Digital 2019 è decisamente modesto (le "altre attività", diverse dallo svago, pesano per appena 28 minuti).

89 Poiché i dati sul tempo trascorso sul web riguardano la popolazione dai sedici ai sessantaquattro anni, il calcolo delle ore di lavoro pro capite erogate è effettuato sulla sola popolazione nella fascia sedici-sessantaquattro anni, che fornisce circa il 97% delle ore di lavoro totali. Le cifre (assai più basse di 6 ore) che spesso si leggono sul tempo di

presenza sul web dipendono dal fatto di riferirsi a popolazioni diverse e più ampie, come la popolazione di oltre due anni, o la popolazione nella fascia diciotto-settantaquattro anni: se si considerano queste popolazioni più ampie il tempo medio sul web scende intorno alle 4 ore al giorno, e quello di lavoro si porta intorno alle 2 ore.

90   Acronimo di New Psychoactive Substances; vedi nota 73.

91   A seconda del tipo di consumo e di sottopopolazione, il rapporto fra coinvolgimento dei maschi e delle femmine può variare da circa 2 (consumo di cannabis fra i giovani) a 16 (condannati in via definitiva per crimini droga-correlati).

92   Le fonti principali utilizzate nella nostra ricostruzione sono le seguenti: ISTAT, report 2017 e 2019b su *Il consumo di alcol in Italia*; EMCDDA, *Relazione europea sulla droga*, 2019; ESPAD Italia (European School Survey Project on Alcohol and Other Drugs – Italy) e IPSAD (Italian Population Survey on Alcohol and other Drugs), CNR-IFC, *Consumi d'azzardo 2017*; Dipartimento politiche antidroga della Presidenza del Consiglio dei Ministri, *Relazione annuale al Parlamento sul fenomeno delle tossicodipendenze in Italia*, 2018.

93   Il dato si desume dall'indagine ISTAT sui consumi delle famiglie (ISTAT 2019c). Va detto, tuttavia, che sia il dato per la spesa in sostanze illegali, sia quello sull'istruzione potrebbero essere sottostimati.

94   Il dato esatto è 18 milioni e 450.000 persone, pari al 36.4% della popolazione adulta. Vedi ISS (2018).

95   Parlando di "stato-biscazziere" ci riferiamo sia agli incassi statali, sia ai margini degli intermediari.

96   Secondo una recente valutazione della Guardia di Finanza il sommerso del gioco d'azzardo vale 20 miliardi. Altri osservatori suggeriscono cifre più alte. Nel 2006, ad esempio, due studiosi della Banca d'Italia ipotizzavano che il settore illegale del gioco d'azzardo avesse ampiezza "pressoché equivalente" a quello legale (Cannari, D'Alessio 2006, p. 96).

97   Calcoli effettuati in base ai quintili di consumo dell'indagine sui consumi delle famiglie (ISTAT 2019c).

98   È questo il titolo di un libro di Geminello Alvi, uscito nel 2006. Ma la descrizione dell'Italia come un paese fondato sulle (e frenato dalle) rendite ha una storia lunghissima, che risale almeno alle analisi di Claudio Napoleoni degli anni sessanta. Vedi nota 33.

99 Contrariamente a quanto molti credono, Bateson non fu il fondatore della Scuola di Palo Alto, ma furono semmai gli autori del gruppo di Palo Alto a prendere ispirazione dalle sue idee. Bateson non entrò mai nel gruppo, e non condivideva il modo in cui alcune sue idee erano state sviluppate (sul punto vedi De Biasi 1992).

100 L'espressione *Trente Glorieuses* è stata coniata dall'economista francese Jean Fourastié in un suo celebre libro, e si riferisce al periodo che va dal 1946 al 1975 (Fourastié 1979).

101 Il volume, apparso per la prima volta nel 1973, è firmato da Peter e Brigitte Berger e da Hansfried Kellner.

102 Un dato per tutti: fra i laureati di ogni anno accademico, dal 1991 il numero di studentesse ha sempre superato quello degli studenti maschi (oggi il numero di laureate è arrivato a superare il numero di laureati di quasi il 40%).

103 I dati ISTAT mostrano che, fra i giovani alla ricerca di un lavoro, in tutte le fasce d'età il numero di maschi completamente inoperosi (che non studiano e non stanno facendo un training) è più alto del numero di femmine. Inoltre, nella fascia di età dai quindici ai ventiquattro anni (l'unica in cui le scelte matrimoniali sono scarsamente influenti) i maschi del tutto inoperosi prevalgono anche nella fascia degli "scoraggiati", che non cercano attivamente un lavoro ma sarebbero disponibili a lavorare.

104 Sulla possibilità di una buona istruzione a dispetto dell'abbassamento dell'asticella della promozione, vedi le osservazioni contenute nelle note 39 e 40.

105 In realtà, ove fosse possibile considerare anche il patrimonio delle famiglie produttrici (escluso dai confronti internazionali dell'OECD), non si può escludere che l'Italia, che ha una quota altissima di lavoratori autonomi, risulterebbe il paese europeo più patrimonializzato.

106 L'indice è dato dal prodotto fra il tasso di patrimonializzazione (ricchezza netta/reddito disponibile) e il rapporto fra numero di anziani (ultraottantenni) e numero di giovani (venticinque-trentaquattrenni).

107 Per avere un'idea del trasferimento effettivo di ricchezza (che è molto maggiore degli importi tassabili e dichiarati in successione) conviene partire dagli unici due dati solidi, ossia l'entità del patrimonio familiare medio, che è di circa 390.000 euro, e il numero annuo di

decessi (636.000). Per ottenere il flusso successorio occorrerebbe moltiplicare il numero di morti (che è noto) per la ricchezza media dei morti stessi (che è sconosciuta). Assumendo che la ricchezza media di chi muore sia di importo analogo alla ricchezza media familiare, si perverrebbe a una stima di 248 miliardi, pari al 14.1% del PIL 2018. Questo dato andrebbe corretto verso il basso per tenere conto del fatto che una parte dei morti non sono capifamiglia (generalmente intestatari del patrimonio), e verso l'alto per tenere conto del fatto che la ricchezza familiare tende a crescere con l'età. Non essendo in grado di valutare questi due coefficienti di correzione, che agiscono in direzioni opposte, abbiamo assunto che tendano a bilanciarsi, e lasciato invariata la stima iniziale.

108   Nel *Capitale nel XXI secolo* Piketty stima che il flusso successorio sia pari al 15% del PIL in Francia (nel 2010) e al 10-11% in Germania (primi anni del XXI secolo).

109   Per ricostruire l'andamento della propensione al risparmio dell'ultimo ventennio abbiamo utilizzato la serie storica trimestrale ISTAT del *Tasso di risparmio lordo delle famiglie e delle istituzioni sociali private senza scopo di lucro al servizio delle famiglie.*

110   I social network considerati sono: Facebook, Instagram, Linkedin, Twitter, Pinterest; l'intervallo temporale per il calcolo del tasso di crescita medio annuo va da marzo 2016 a marzo 2019.

111   Il dato è approssimativo, e basato sulla crescita dei residui di cocaina rilevati nelle acque reflue della città di Milano. Un altro segnale di un aumento del consumo di cocaina proviene dal numero di utenti registrati nei SERD (Servizi per le dipendenze patologiche). Il peso degli utenti in carico ai SERD per cocaina risulta in aumento sia nel lungo periodo (dal 1997 al 2017), sia nel medio periodo (dal 2007 al 2017), sia negli ultimi anni (2014-2017).

112   Secondo l'ultimo rapporto FIPE sono più del 30% gli italiani cui capita di ordinare del cibo su piattaforme online, il fatturato 2018 del food delivery supera il miliardo di euro, con un tasso di crescita di quasi il 70% all'anno.

113   Nel testo originario dell'intervista la cifra di 47 miliardi viene riferita al 2007, ma si tratta chiaramente di una svista: nel 2007 la raccolta del gioco di azzardo era di 42 miliardi, mentre nel 2008 è stata appunto di 47 miliardi.

114 I passi citati (tradotti in italiano) provengono da un'intervista del 1984, consultabile all'indirizzo www.bookbrowse.com.

115 La distinzione è già presente in Tocqueville, che distingue fra egoismo e individualismo (Taylor 1991).

116 Sul consumo come fonte di identità vedi Parmiggiani (1997).

117 Si potrebbe parlare, a questo proposito, di "qualcunismo", un termine coniato da Sebastiano Maffettone per descrivere un fenomeno parallelo e per certi versi simile: la sindrome per cui ciascuno vuole dire la sua, al di là della conoscenza che ha dell'argomento sul quale interviene (Maffettone 2019).

118 Traduzione italiana del titolo inglese *Shifting Involvements. Private Interest and Public Action* (Hirschman 1982).

119 È il caso di osservare che la possibilità di non privarsi di quel che si cede è strettamente connessa all'evoluzione della tecnologia, ossia al lungo processo, descritto ai suoi albori da Walter Benjamin (con il celebre saggio *L'opera d'arte nell'epoca della sua riproducibilità tecnica*), che ha reso indefinitamente replicabili le opere d'arte, le immagini, le informazioni, il software, le conoscenze. Questo processo ha ricevuto un impulso fondamentale con Internet, e ha condotto a cambiamenti radicali nella teoria della crescita, con lo sviluppo del concetto di "beni non rivali" (Romer 1990).

120 Le fasi e i meccanismi di queste trasformazioni del peso relativo dei tre settori produttivi (primario, secondario, terziario; ovvero: agricoltura, industria, servizi) vengono talora indicate come legge dei tre settori, o legge di Clark, dal nome dell'economista che le ha teorizzate (Clark 1940).

121 Sul mondo della deferenza, vedi la magistrale ricostruzione di Minogue nel suo ultimo libro (*The Servile Mind*, 2010).

122 Vedi Sparti (2002).

123 Una rassegna in P. Bloom (2016), dove si trovano anche le due citazioni di Barack Obama e Hillary Clinton riportate sopra.

124 Sulla pedagogia del politicamente corretto vedi A. Bloom (1987), Hughes (1993), Cummings (2001), Ricolfi (2005), Minogue (2010), Capozzi (2018).

125 I dati sul volontariato scarseggiano, tuttavia possiamo farci un'idea della dinamica del settore con alcune rilevazioni ISTAT: fra il 1999 e

il 2015 il numero di volontari è passato da 3.2 a 5.5 milioni, con un aumento del 71.6%.

126 In francese il volontariato è reso con due termini distinti, *bénévolat* e *volontariat*, a seconda che sia libero e gratuito, o esclusivo e (in parte) retribuito.

127 Sulla dipendenza della nostra soddisfazione dal consumo passato e da quello degli altri, vedi Duesenberry (1949), Scitovsky (1976).

128 Per condizione rispettata intendo che, fra i nativi ultraquattordicenni, gli inoccupati siano più del 50%.

129 Occorre ricordare che le graduatorie fra paesi possono cambiare sensibilmente se si lavora con il tasso di occupazione totale dell'intera popolazione (nativi+stranieri) o con quello dei soli nativi. Sul punto vedi anche, nel capitolo 1, le note 15-18.

130 Per condizione "strettamente" rispettata intendo che il tasso di crescita medio negli ultimi cinque anni sia stato inferiore all'1%.

131 Le cifre riportate si riferiscono al 2018 e sono di fonte OECD per quanto riguarda il reddito disponibile per abitante (rettificato per tenere conto del livello dei prezzi e della composizione familiare) e di fonte Credit Suisse per quanto riguarda la ricchezza (valutata come ricchezza per adulto).

132 La selezione dei tratti aggiuntivi è avvenuta su basi teoriche, ma ciascun tratto è stato validato controllando se si correlava positivamente con un indice sintetico basato sulla definizione di società signorile di massa; l'indice sintetico è stato costruito facendo la media fra un indice di ricchezza (logaritmo della ricchezza per adulto), un indice di inoccupazione (complemento a 100 del tasso di occupazione totale dei nativi), un indice di stagnazione (tasso di crescita quinquennale cambiato di segno). Ovviamente i tre indici sono stati standardizzati prima di calcolarne la media.

Ogni tratto signorile è stato considerato presente (bit = 1) se il valore del relativo indicatore era maggiore della media calcolata sulle ventinove società avanzate.

133 Per interposizione pubblica intendiamo il grado di interferenza dell'amministrazione pubblica nell'economia, misurato sommando due rapporti: il rapporto fra entrate pubbliche e PIL e il rapporto fra uscite pubbliche (al netto degli interessi sul debito) e PIL. Concettualmente si tratta di un indice analogo al turnover di manodopera.

134 Per paesi del Nord di norma si intendono i tre paesi scandinavi più Danimarca e Islanda. Negli ultimi cinque anni (dal 2015 al 2018) il tasso di crescita medio dei quattro paesi del Nord diversi dalla Finlandia è stato del 2.8%, e ciascuno ha avuto un tasso di crescita più elevato di quello della Finlandia. Nel quadriennio precedente (2010-2014) la variazione dell'interposizione pubblica è stata di entità modesta (e talora persino negativa) in tutti i paesi del Nord eccetto la Finlandia, dove è cresciuta di 5.9 punti rispetto al PIL.

135 I paesi ad alto benessere con relativamente pochi (max cinque) cromosomi signorili sono sedici in tutto, di cui tredici di tradizione cristiana; fra questi ultimi tre soli (Austria, Irlanda, Lussemburgo) sono prevalentemente cattolici, mentre ben otto sono a prevalenza protestante.

136 Gli ortodossi (prevalenti solo in Grecia e a Cipro) sono stati assimilati ai cattolici in quanto, fra le confessioni cristiane, si tratta delle due tradizioni più simili fra loro per dottrina e organizzazione (Accattoli 2016). La scelta comunque non influisce sul risultato, perché il numero medio di cromosomi del non-lavoro è del tutto simile: 2.91 fra gli undici paesi cattolici, tre fra i due paesi ortodossi.

137 Per un quadro della società israeliana che ne mette efficacemente in luce il carattere "durkheimiano", vedi Nirenstein (2007).

138 Sulla cultura civica e il carattere degli italiani vedi Barzini jr. (1964), Banfield (1958), Almond, Verba (1963), Putnam (1993), Tullio-Altan (1986, 1997), Cartocci (2007); sull'evasione fiscale e l'economia sommersa: Schneider (2005), Santoro (2010), Ricolfi (2010a), ISTAT (2010).

139 Sugli aspetti fuorvianti dell'immagine della "società dei due terzi" vedi l'Introduzione.

140 Sulle tribù alimentari, e il mix di credenze magiche, etiche ed estetiche su cui si costituiscono e si riproducono, vedi il già ricordato libro di Marino Niola (*Homo dieteticus*, 2015). Sull'ideologia slow food vedi l'interessante analisi critica di Luca Simonetti (*Mangi, chi può*, 2010).

141 L'esempio più recente (agosto 2019) è Richard Gere che sale su una nave delle ONG che ha raccolto dei naufraghi intenzionati a sbarcare in Europa. Sul tema delle star del cinema a caccia di buone cause vedi Rampini (2019), in particolare l'Introduzione.

142 Le valutazioni del fatturato, del valore aggiunto e del patrimonio della criminalità (comune e organizzata), sono innumerevoli, e spesso decisamente strampalate. Secondo l'ultimo rapporto ISTAT sull'e-

conomia non osservata, il valore aggiunto delle attività illegali è di circa 18 miliardi, ovvero 1 punto di PIL (ISTAT 2018). Per quanto riguarda il patrimonio della criminalità, non è chiaro se, grazie al riciclaggio e all'autoriciclaggio, esso non sia di fatto già incorporato nelle statistiche ufficiali della ricchezza. Sul patrimonio mafioso, e la sua presumibile sopravvalutazione da parte delle fonti non ufficiali, vedi Centorrino, David (2013).

143 Il dibattito sulla questione settentrionale, molto vivo negli anni novanta e nel primo decennio di questo secolo, venne aperto dalla Fondazione Agnelli con un importante studio sulle Regioni (Fondazione Agnelli 1993).

144 Purtroppo le comparazioni internazionali sulla lettura sono assai rare. Secondo un'indagine Eurobarometro del 2013, nei paesi dell'Unione Europea solo in sei paesi su ventotto la percentuale di persone che negli ultimi dodici mesi ha letto almeno un libro è più bassa che in Italia (si tratta di Bulgaria, Romania, Malta, Cipro, Grecia e Portogallo).

145 In realtà, fra le scorciatoie per accedere rapidamente a un tenore di vita elevato, andrebbero menzionate almeno due altre realtà: la gestione dello spaccio di sostanze illegali nei locali della movida, e più in generale nel mondo studentesco (Bellifemine 2015); l'ingresso precoce nella criminalità organizzata dei minorenni che abbandonano la scuola.

146 Notizie tratte da Solaro (2019).

147 Fra le rare eccezioni Hansen (1939).

148 Vedi, ad esempio, Cowen (2011), Gordon (2012), Summers (2014, 2015).

149 Vedi Schlitzer (2015).

150 Mi riferisco alla legge 42 del 2009 sul federalismo fiscale, che dopo alcuni anni di tentativi di implementazione è finita su un binario morto. Sui limiti intrinseci di quella legge vedi Ricolfi (2010b).

151 Sull'Europa come ostacolo alla crescita vedi Tremonti (2005), Ricolfi (2002).

152 Il dato, non segnalato dall'autore, si ricava elaborando i dati della tabella 3 (p. 7) del paper *L'economia italiana e il paradosso della produttività* (consultabile all'indirizzo ideas.repec.org/p/liu/liucec/285. html). Analisi su dati più recenti confermano la natura anomala della dinamica della produttività del lavoro in Belgio.

153 In realtà, quali siano i paesi con la dinamica più debole della produttività dipende anche dai periodi selezionati. Se stiamo all'intero ventennio che va dalla nascita dell'euro (1999) a oggi, all'Italia e al Belgio si dovrebbero aggiungere anche la Grecia e il Lussemburgo. Si tratta, tuttavia, di due casi molto particolari, difficilmente comparabili agli altri (la Grecia ha subito l'infarto della crisi, il Lussemburgo è un paese molto piccolo, con un'economia parzialmente drogata dalla finanza).

154 Secondo una recente (agosto 2018) valutazione dell'OECD, entro il 2050 in Italia ci saranno più pensionati che lavoratori.

155 Fra le società avanzate ne esiste una, il Lussemburgo, che in teoria ha già tutte le caratteristiche di una società pseudosignorile di massa: opulenza, non lavoro dei nativi, elevato tasso di crescita. Non l'abbiamo presa in considerazione perché il Lussemburgo ha due particolarità che lo rendono atipico e poco adatto ai confronti: avere una popolazione molto ridotta (abbondantemente inferiore alla soglia convenzionale del milione di abitanti) ed essere un paradiso fiscale, con conseguente grande incidenza sul PIL delle attività finanziarie.

156 Sulla storia del nostro "vivere al di sopra dei nostri mezzi" vedi, in particolare, la figura 7 del capitolo 2, che mostra che è fin dalla metà degli anni sessanta che lo Stato italiano ha iniziato a distribuire più risorse di quante ne raccoglie.

157 La tenuta dello stato sociale è riconosciuta anche da autori fortemente critici del cosiddetto neoliberalismo. Vedi Longobardi (2019).

158 La mancanza di serie storiche lunghe e omogenee rende assai difficile ricostruire le tendenze della diseguaglianza nella distribuzione dei redditi. Se ci basiamo sull'unica fonte abbastanza lunga disponibile (il database SWIID di Frederick Solt: 1963-2016) dobbiamo concludere che: a) oggi la diseguaglianza è sensibilmente inferiore che nel dodicennio 1963-1975; b) fra il 2000 e il 2016 non vi è stata alcuna variazione apprezzabile. Per quanto riguarda le fonti ufficiali (ISTAT, EU-SILC, BI, OECD) le tendenze registrate dopo il 2000 sono le seguenti: −0.7 (ISTAT 2003-2016), −0.2 (EU-SILC 2004-2017), −0.4 (BI 2000-2016), +0.5 (OECD, 2000-2016).

Appendice statistica

1. Le fonti utilizzate

I dati utilizzati nelle analisi provengono prevalentemente da fonti ufficiali (come ISTAT, EUROSTAT, OECD), ma in parte anche da istituzioni, associazioni e organizzazioni che hanno condotto ricerche in ambiti specifici (come ristorazione, fitness, gioco, lavoro domestico ecc.).

In diversi casi, specie quando mancavano serie storiche lunghe e coerenti, si sono utilizzate le rielaborazioni dei dati ufficiali effettuate dalla Fondazione David Hume.

Di seguito riportiamo l'elenco delle principali fonti utilizzate e delle relative sigle:

AESVI	Associazione editori sviluppatori videogiochi italiani
AGCOM	Autorità per le garanzie nelle comunicazioni
BI	Banca d'Italia
CENSIS	Centro studi investimenti sociali
CD	Credit Suisse
DCSA	Direzione centrale per i servizi antidroga
DIGITAL	Report annuale dell'agenzia We Are Social, con il contributo di Hootsuite
DOMINA	Associazione nazionale famiglie datori di lavoro domestico
EC	European Commission
EMCDDA	European Monitoring Centre for Drugs and Drug Addiction
ESPAD Italia	European School Survey Project on Alcohol and Other Drugs – Italy

EU-SILC	Statistics on Income and Living Conditions (nell'ambito di EUROSTAT)
EUROSTAT	Ufficio statistico dell'Unione Europea
FIPE	Federazione italiana pubblici esercizi
IFC	Istituto di Fisiologia clinica
IPSAD	Italian Population Survey on Alcohol and Other Drugs
ISAPS	International Society of Aesthetic Plastic Surgery
ISS	Istituto Superiore di Sanità
IMF	International Monetary Found
FLM	Fondazione Leone Moressa
INPS	Istituto Nazionale Previdenza Sociale
ISMU	Fondazione ISMU – Iniziative e studi sulla multietnicità
MADD	Database Maddison
MS	Monopoli di Stato
OECD	Organizzazione per la cooperazione e lo sviluppo economico
Rimini Wellness	Report annuali di Italian Exhibition Group S.p.A.
SWIID	Standardized World Income Inequality Database (a cura di Frederick Solt)
WB	World Bank
WID	World Inequality Database

2. I dataset

La base statistica di questo libro è costituita principalmente da due dataset, di cui il primo organizzato in cross-section, il secondo in time series.

Primo dataset

Il dataset in cross-section contiene i dati più recenti disponibili su 41 economie avanzate o relativamente avanzate (paesi ERA, o Economie Relativamente Avanzate, secondo la terminologia introdotta dalla Fondazione David Hume). Di tale insieme fanno parte tutti i paesi dell'Unione Europea e tutti i paesi OECD.

Per dati più recenti intendo relativi al 2018, ossia all'ultimo anno compiuto prima di andare in stampa (ottobre 2019), o all'anno più recente per cui si hanno statistiche.

Quanto ai paesi analizzati, di norma non abbiamo considerato tutti i paesi ERA ma solo i paesi più comparabili al nostro, e precisamente tutti i paesi OECD meno i paesi ex comunisti. Si tratta di un insieme di trenta paesi che, in alcuni casi, abbiamo dovuto ulteriormente restringere per mancanza di dati o per problemi di comparabilità.

Più esattamente, i nostri paesi sono divenuti ventinove quando – analizzando il mercato del lavoro – abbiamo dovuto escludere la Turchia (causa la fede islamica in essa prevalente, il suo tasso di occupazione è difficilmente comparabile a quello degli altri paesi).

Sono divenuti venti quando (nell'analisi dei NEET) gli unici dati disponibili erano quelli di EUROSTAT, relativi ai soli paesi europei (Unione Europea + Norvegia, Svizzera, Islanda).

Sono, infine, scesi a quattordici quando abbiamo dovuto utilizzare i dati sul patrimonio familiare, che in parecchi paesi europei ed extraeuropei non sono disponibili.

La maggior parte degli indici utilizzati sono spiegati nel testo e nelle note. Nel caso della diseguaglianza nella distribuzione del lavoro abbiamo utilizzato l'indice di concentrazione del lavoro elaborato dalla Fondazione Hume. L'indice utilizza la formula dell'indice di concentrazione di Gini, trattando il tempo di lavoro come risorsa iniquamente distribuita e assegnando peso 1 agli occupati full-time, peso 0.5 agli occupati part-time, peso 0 agli inoccupati.

Secondo dataset

Il dataset in time series contiene le serie storiche 1951-2018 di alcune decine di variabili che descrivono gli ultimi sessantotto anni della storia economica e sociale dell'Italia. Nella stragrande maggioranza dei casi le serie storiche sono il risultato di ricuciture, talora anche molto intricate, di spezzoni di serie storiche ufficiali, perlopiù di fonte ISTAT o Banca d'Italia. In alcuni casi gli anni che è stato possibile ricostruire non sono tutti gli anni del periodo considerato (1951-2018).

3. Analisi particolari

La serie storica del consumo di sussistenza a livello familiare (fig. 4) è stata costruita assumendo come base il salario netto delle mansioni più basse (operaio e/o usciere) nel 1951 e nel 2018, corretto per un fattore che tiene conto sia del livello dei prezzi sia dell'innalzamento progressivo degli standard di vita.

La serie storica del consumo familiare medio (fig. 4) è stata ottenuta usando come base la situazione del 2018, ricostruita a ritroso mediante l'indice dei prezzi e una scala di equivalenza che tiene conto del radicale cambiamento della composizione familiare intervenuto dagli anni del dopoguerra a oggi (nel 1951 la famiglia media aveva quattro membri, nel 2018 ne ha 2.3). La scala di equivalenza utilizzata è la scala Carbonaro.

Nel caso del tasso di crescita quinquennale del PIL (fig. 5) è stata prodotta una serie che parte dal 1956 e arriva fino al 2019 (per quest'ultimo anno è stata utilizzata una media fra le previsioni OECD, FMI, EC).

L'eccesso del reddito disponibile totale rispetto al PIL (fig. 7) è dato dal rapporto fra reddito disponibile totale e PIL ai prezzi di mercato (entrambi a prezzi correnti). Il reddito disponibile totale, a sua volta, è dato dal PIL ai prezzi di mercato diminuito delle entrate totali della pubblica amministrazione e aumentato delle uscite totali della pubblica amministrazione.

Un rapporto minore di 1 indica che la PA sottrae all'economia più risorse di quante ne restituisca. Un rapporto maggiore di 1 indica che, mediante l'indebitamento pubblico, la PA immette più risorse di quante ne sottragga.

Storicamente questo rapporto è stato minore di 1 durante il miracolo economico, molto maggiore di 1 nel ventennio 1975-1995, poco superiore a 1 negli altri periodi.

La serie 1901-2018 della quota del tempo di lavoro nella vita (fig. 9) utilizza un'elaborazione della FDH su dati ISTAT, OECD, database Maddison (il tempo pro capite annuo totale della popolazione ultraquattordicenne è posto eguale a 365 x 14 = 5110 ore).

Riferimenti bibliografici

Aa. Vv.
1993   *Sinistra punto zero*, Roma, Donzelli.

Abbonizio G.
2019   "Ralph Dahrendorf e l'immagine morale dell'uomo", SMP, vol. 10, n.
        19, pp. 51-65.

Accattoli L.
2016   "Cattolici e ortodossi, le differenze e tutto quello che hanno in co-
        mune", *Corriere della Sera*, 12 febbraio.

Almond G.A. – Verba S.
1963   *The Civic Culture: Political Attitudes and Democracy in Five Nations*,
        Princeton, Princeton University Press (trad. it. parziale *La cultura
        civica*, in Urbani G. [a cura di], *La politica comparata*, Bologna, il
        Mulino, 1973, pp. 89-104).

Alesina A. – Giavazzi F.
2007   *Il liberismo è di sinistra*, Milano, Il Saggiatore.

Alvi G.
2006   *Una repubblica fondata sulle rendite*, Milano, Mondadori.

Aneesh A.
2006   *Virtual Migration*, Durham, Duke University Press.

248

Bacon R. – Eltis W.
1976 *Britain's Economic Problem: Too Few Producers*, London, Macmillan (trad. it. *Base produttiva e crescita economica*, Milano, ETAS Libri, 1976).

Banfield E.C.
1958 *The Moral Basis of a Backward Society*, Glencoe, Free Press (trad. it. *Le basi morali di una socità arretrata*, Bologna, il Mulino, 1965).

Barzini L. jr
1964 *The Italians*, New York, Simon & Schuster (trad. it. *Gli italiani. Vizi e virtù di un popolo*, Milano, Rizzoli, 1997).

Bateson G.
1972 *Steps to an Ecology of Mind*, San Francisco, Chandler (trad. it. *Verso un'ecologia della mente*, Milano, Adelphi, 1977).

Baudrillard J.
1970 *La société de consommation*, Paris, Denoël (trad. it. *La società dei consumi*, Bologna, il Mulino, 2010).

Bauman Z.
1999 *La società dell'incertezza*, Bologna, il Mulino.
2000 *Liquid Modernity*, Cambridge, Polity Press (trad. it. *Modernità liquida*, Roma-Bari, Laterza, 2002).
2006 *Liquid Times: Living in an Age of Uncertainty*, Cambridge, Polity Press.

Beck U.
1986 *Die Risikogesellschaft*, Frankfurt a. M., Suhrkamp (trad. it. *La società del rischio. Verso una seconda modernità*, Roma, Carocci, 2000).

Becker G.
1976 *The Economic Approach to Human Behavior*, Chicago, Chicago University Press.
1981 *A Treatise on the Family*, Cambridge, Harvard University Press (edizione ampliata 1991).

Bell D.
1973   *The Coming of Post-Industrial Society. A Venture in Social Forecasting*, New York, Basic Books.
1976   *The Cultural Contradictions of Capitalism*, New York, Basic Books.

Bellanca N.
2018   "Le rendite improduttive e parassitarie: Claudio Napoleoni sul capitalismo italiano", MPRA *Paper*, n. 87620, 29 giugno (consultabile all'indirizzo http://bit.ly/2mvVVJ0).

Bellifemine O.
2015   "Io pusher da cinquecento euro a sera: ecco come funziona il mercato della droga", *ilSudEst.it* (consultabile all'indirizzo http://bit.ly/2lqrZ0L).

Belloc H.
1912   *The Servile State*, London-Edinburgh, T.N. Foulis (trad. it. *Lo Stato servile*, Macerata, Liberilibri, 1993).

Benjamin W.
1936   *Das Kunstwerk im Zeitalter seiner technischen Reproduzierbarkeit*, Zeitschrift für Sozialforschung, 5 (trad. it. *L'opera d'arte nell'epoca della sua riproducibilità tecnica*, Torino, Einaudi, 1966).

Berger P.L. – Berger B. – Kellner H.
1973   *The Homeless Mind*, New York, Penguin Books.

Bianco A.
2009   *Merito? No grazie. Meritocrazia ed egualitarismo nella scuola italiana*, Roma-Acireale, Bonanno Editore.

Bloem J. – van Doorn M. – Duivestein S.
2009   *Me the Media. Rise of the Conversation Society*, Groningen, Uitgeverij kleine Uil.

Bloom A.
1987   *The Closing of the American Mind*, New York, Simon & Schuster (trad. it. *La chiusura della mente americana*, Milano, Frassinelli, 1988).

Bloom P.
2016   *Against Empathy*, New York, Harper Collins, 2016 (trad. it. *Contro l'empatia*, Macerata, Liberilibri, 2019).

Bobbio N.
1994   *Destra e sinistra*, Roma, Donzelli.

Böhme G. – Stehr N.
1986   *The Knowledge Society*, Dordrecht, D. Reidel Publishing Company.

Boudon R.
1973   *L'inégalité des chances*, Paris, Libraire Armand Colin (trad. it. *Istruzione e mobilità sociale*, Bologna, Zanichelli, 1979).

Bourdieu P.
1978   "Classement, déclassement, reclassement", *Actes de la Recherche en Sciences Sociales*, vol. 24, n. 4, p. 2-22.
1979   *La Distinction. Critique sociale du jugement*, Paris, Les Éditions de Minuit (trad. it. *La distinzione. Critica sociale del gusto*, Bologna, il Mulino, 1983).

Bradley G.
2000   *The Information and Communication Society. How People Will Live and Work in the New Millennium*, Oxfordshire, Taylor & Francis.

Cannari L. – D'Alessio G.
2006   *La ricchezza degli italiani*, Bologna, il Mulino.
2018   "La disuguaglianza della ricchezza in Italia: ricostruzione dei dati 1968-75 e confronto con quelli recenti", *Questioni di economia e finanza* (Occasional Papers), n. 428, Banca d'Italia.

Cannari L. – D'Alessio G. – Vecchi G.
2016   "I prezzi delle abitazioni in Italia, 1927-2012", *Questioni di economia e finanza* (Occasional Papers), n. 333, Banca d'Italia.

Capozzi E.
2018   *Politicamente corretto. Storia di un'ideologia*, Venezia, Marsilio.

Caprara D. – De Bonis R. – Infante L.
2018 "La ricchezza delle famiglie in sintesi: l'Italia e il confronto internazionale", *Questioni di economia e finanza* (Occasional Papers), n. 470, Banca d'Italia.

Carchedi F. – Mottura G. – Pugliese E. (a cura di)
2003 *Il lavoro servile e le nuove schiavitù*, Milano, Franco Angeli.

Carciofi A.
2017 *Digital detox*, Milano, Hoepli.

Cartocci R.
2007 *Mappe del tesoro. Atlante del capitale sociale in Italia*, Bologna, il Mulino.

Castells M.
1996 *The Rise of the Network Society*, Oxford, Blackwell (trad. it. *La nascita della società in rete*, Milano, Egea, 2002).

CENSIS – ISMU
2013 *Servizi alla persona e occupazione nel welfare che cambia*, convegno presso il ministero del lavoro e delle politiche sociali, 14 maggio.

Centorrino M. – David P.
2013 "Il fatturato di Mafia Spa", *ilFattoQuotidiano.it*, 20 marzo.

Cerroni A.
2007 *Scienza e società della conoscenza*, Torino, UTET.

Clark C.
1940 *The Conditions of Economic Progress*, London, Macmillan.

CNR – IFC
2019 *Consumi d'azzardo 2017*, Roma, CNR.

Cowen T.
2011 *The Great Stagnation*, New York, Dutton.

Cummings M.S.
2001   *Beyond Political Correctness. Social Transformation in the United States*, New York-London, Lynne-Rienner.

Currid Halkett E.
2017   *The Sum of Small Things*, Princeton, Princeton University Press (trad. it. *La somma di piccole cose*, Milano, Franco Angeli, 2018).

Dahrendorf R.
1988   *Dalla società del lavoro alla società dell'attività*, in P. Ceri (a cura di), *Impresa e lavoro in trasformazione*, Bologna, il Mulino.

De Biasi R.
1992   "Il fine non perseguibile. Su Bateson e la 'non-comunicazione'", *Aut Aut*, n. 251, settembre-ottobre.

De Cecco M.
1972   "Una interpretazione 'ricardiana' della dinamica della forza-lavoro in Italia nel decennio 1959-1969", *Note economiche*, n. 1, gennaio-febbraio.

De Meo G.
1970   *Evoluzione e prospettive delle forze di lavoro in Italia*, serie VIII, vol. 23.

Debord G.E.
1967   *La société du spectacle*, Paris, Buchet Chastel (trad. it. *La società dello spettacolo*, Bolsena, Massari Editore, 2002).

Dipartimento politiche antidroga presso la Presidenza del Consiglio dei Ministri
2018   *Relazione annuale al Parlamento sul fenomeno delle tossicodipendenze in Italia*.

Donati P.
1991   *Teoria relazionale della società*, Milano, Franco Angeli.

Drucker P.F.
1993   *Post-capitalist Society*, Portsmouth, Heineman (trad. it. *La società post-capitalistica*, Milano, Sperling & Kupfer, 1994).

Duesenberry J.S.
1949   *Income, Saving and the Theory of Consumer Behavior*, Cambridge (MA), Harvard University Press.

Dutton W.
1999   *Society on the Line*, Oxford, Oxford University Press (trad. it. *La società on line*, Milano, Baldini e Castoldi, 2001).

EMCDDA (Osservatorio europeo delle droghe e delle tossicodipendenze)
2019   *Relazione europea sulla droga 2019. Tendenze e sviluppi*, Lussemburgo, Ufficio delle pubblicazioni dell'Unione Europea.

Estroff Marano H.
2008   *A Nation of Wimps. The High Cost of Invasive Parenting*, New York, Crown Archetype.

Fondazione Agnelli
1993   *Nuove regioni e riforma dello stato*, Torino, Fondazione Giovanni Agnelli.

Fourastié J.
1979   *Les Trente Glorieuses, ou la révolution invisible de 1946 à 1975*, Paris, Fayard.

Fuà G.
1976   *Occupazione e capacità produttive: la realtà italiana*, Bologna, il Mulino.

Fusaro D.
2017   "Migranti, il capitale deporta i nuovi schiavi per sostituirli al popolo europeo", *ilFattoQuotidiano.it*, 20 settembre.

Galbraith J.K.
1958   *The Affluent Society*, Boston, Houghton Mifflin (trad. it. *La società opulenta*, Milano, Etas Kompass, 1968).

Galli G. – Nannei A.
1976   *Il capitalismo assistenziale*, Milano, SugarCo.

Gambetta D. – Ricolfi L.
1978   *Il compromesso difficile*, Torino, Rosenberg & Sellier.

Gatti F.
2014   "Non solo immigrati, fra i nuovi schiavi ci sono anche italiani", *Espresso.repubblica.it*, 22 agosto.

Ginzburg N.
1989   "L'uso delle parole", *l'Unità*, 28 maggio.

Girod R.
1997   *L'illettrisme*, Paris, PUF.

Glotz P.
1987   "Il moderno principe nella società dei due terzi", *Il Contemporaneo*, n. 8, 28 febbraio, pp. 24-25.

Gordon R.J.
2012   "Is US Economic Growth Over? Faltering Innovation Confronts the Six Headwinds", *Nber Working Paper*, n. 18315, agosto.

Hansen, A.H.
1939   "Economic Progress and Declining Population Growth", *The American Economic Review*, vol. 29, n. 1, pp. 1-15.

Harari Y.N.
2015   *Homo Deus. A Brief History of Tomorrow*, London, Harvill Secker (trad. it. *Homo deus. Breve storia del futuro*, Milano, Bompiani, 2018).

Hayek von F.
1944   *The Road to Serfdom*, London, Routledge (trad. it. *La via della schiavitù*, Soveria Mannelli, Rubbettino, 2011).

Higgs E. – Pesciarelli E.
1979   "Per la storia dei servi domestici: un'analisi quantitativa", *Quaderni storici, Questioni di confine*, vol. 14, nn. 40-41, gennaio-aprile, pp. 284-301.

Hirschman A.O.
1982   *Shifting Involvements. Private Interest and Public Action*, Princeton, Princeton University Press (trad. it. *Felicità privata e felicità pubblica*, Bologna, il Mulino, 1983).

Hughes R.
1993   *The Culture of Complaint*, Oxford, Oxford University Press (trad. it. *La cultura del piagnisteo. La saga del politicamente corretto*, Milano, Adelphi, 2003).

Husén T.
1974   *The Learning Society*, London, Methuen.

Hutchins R.M.
1968   *The Learning Society*, New York, F.A. Praeger.

Ippolito R.
2013   *Ignoranti. L'Italia che non va*, Milano, Chiarelettere.

ISMU
2019   XXIV *rapporto sulle migrazioni 2018*, Milano, Franco Angeli.

ISS (Istituto Superiore di Sanità)
2018   "Quanti sono i giocatori in Italia?", *Quotidianosanita.it*, 18 ottobre (consultabile all'indirizzo http://bit.ly/2mxjX6i).

ISTAT
2003   "Metodologia e organizzazione dell'indagine multiscopo sulla domanda turistica 'Viaggi e vacanze'", *Metodi e norme*, n. 17.

2010 "La misura dell'economia sommersa secondo le statistiche ufficiali: anni 2000-2008", *Istat.it*, 13 luglio (consultabile all'indirizzo http://bit.ly/2mC4YrA).

2017 "Il consumo di alcol in Italia", *Istat.it*, 12 aprile (consultabile all'indirizzo http://bit.ly/2kZO3Pv).

2018 "L'economia non osservata nei conti nazionali", *Istat.it*, 12 ottobre (consultabile all'indirizzo http://bit.ly/2kZj2Ls).

2019a *Struttura e performance delle cooperative italiane*, Roma, Istituto nazionale di ricerca.

2019b "Il consumo di alcol in Italia", *Istat.it*, 15 maggio (consultabile all'indirizzo http://bit.ly/2mDlTKk).

2019c "Le spese per i consumi delle famiglie. Anno 2018", *Istat.it*, 11 giugno (consultabile all'indirizzo http://bit.ly/2n2jl8U).

Keynes J.M.
1930 "Economic Possibilities for Our Grandchildren", in *The Nation and Athenaeum*, 11 e 18 ottobre (trad. it. *Prospettive economiche per i nostri nipoti*, in Keynes J.M., *Esortazioni e profezie*, Milano, Il Saggiatore, 2011).

La Malfa U.
1974 *La Caporetto economica*, Milano, Rizzoli.

La Malfa G. – Vinci S.
1970 "Il saggio di partecipazione della forza-lavoro in Italia", *L'Industria*, n. 4, settembre-ottobre, pp. 443 e ss.

Lasch C.
1979 *The Culture of Narcissism*, London, Norton & Company (trad. it. *La cultura del narcisismo*, Milano, Bompiani, 1981).

Longobardi E.
2019 *Gli effetti del neoliberismo sullo stato sociale*, in Aa. Vv., *Contro il neoliberismo*, Roma, Left.

Luttwak E.N. – Pelanda C. – Tremonti G.
1995 *Il fantasma della povertà*, Milano, Mondadori.

Lyotard J.F.
1979   *La condition postmoderne: rapport sur le savoir*, Paris, Les Éditions de Minuit (trad. it. *La condizione postmoderna: rapporto sul sapere*, Milano, Feltrinelli, 1981).

Maffettone S.
2019   "Democrazia e web: quell'illusione di contare senza sapere", *Il Messaggero*, 10 giugno.

Mastrocola P.
2004   *La scuola raccontata al mio cane*, Milano, Guanda.
2011   *Togliamo il disturbo*, Milano, Guanda.

Mattelart A.
2001   *Histoire de la Société de l'Information*, Paris, La Découverte (trad. it. *Storia della società dell'informazione*, Torino, Einaudi, 2002).
2003   *The Information Society*, London, Sage.

Minogue K.
2010   *The Servile Mind*, New York, Encounters Books (trad. it. *La mente servile*, IBL Libri, Torino, 2012).

Mitscherlich A.
1963   *Auf dem Weg zur vaterlosen Gesellschaft*, Zürich, Buchclub Ex Libris (trad. it. *Verso una società senza padre*, Milano, Feltrinelli, 1970).

Montanari G.
2019   *Tech Impact*, Milano, Guerini e Associati.

Napoleoni C.
1956   *Rendita*, in C. Napoleoni (a cura di), *Dizionario di economia politica*, Milano, Edizioni di Comunità, pp. 1303-1304.
1965   *Programmazione economica e azione sindacale in Italia*, riprodotto in M. Messori (a cura di), *Lotta alle rendite. Teoria e proposte di politica economica*, Lanciano, Carabba, 2013.

Natale P.
2019   "I *riders* milanesi, ovvero gli sfruttati del post-capitalismo", *Lavoro, Diritti, Europa*, n. 1 (consultabile all'indirizzo www.lavorodirittieuropa.it).

Nencini P.
2017   *La minaccia stupefacente. Storia politica della droga in Italia*, Bologna, il Mulino.

Nesti G.
2005   *La società dell'informazione in Europa*, Padova, CLEUP.

Niola M.
2015   *Homo dieteticus. Viaggio nelle tribù alimentari*, Bologna, il Mulino.

Nirenstein F.
2007   *Israele siamo noi*, Milano, Rizzoli.

Parlangeli D.
2018   "L'Italia è il terzo paese al mondo per numero di telefonini", *Wired. it*, 30 gennaio (consultabile all'indirizzo http://bit.ly/2lCHjHB).

Parmeggiani S.
2019   "La sera andavamo al Cocoricò", *Il Venerdì*, 26 luglio.

Parmiggiani P.
1997   *Consumo e identità nella società contemporanea*, Milano, Franco Angeli.

Piketty T.
2013   *Le Capital au XXIe siècle*, Paris, Seuil (trad. it. *Il capitale nel XXI secolo*, Milano, Bompiani, 2014).

Pikler T.
2019   "Rimini Wellness, 1 italiano su 3 si dedica alla cura del corpo", *Il Sole 24 Ore*, 27 maggio.

Piovene G.
1957   *Viaggio in Italia*, Milano, Mondadori.

Pizzorno A.
1995   "Caro Bobbio, ecco dove sbagli", *la Repubblica*, 2 luglio.

Polanyi K.
1944   *The Great Transformation*, New York, Farrar & Rinehart (trad. it. *La grande trasformazione*, Torino, Einaudi, 1974).

Priulla G.
2011   *L'Italia dell'ignoranza*, Milano, Franco Angeli.

Putnam R.D. – Leonardi R. – Nanetti R.
1993   *Making Democracy Work. Civic Traditions in Modern Italy*, Princeton, Princeton University Press (trad. it. *La tradizione civica nelle regioni italiane*, Milano, Mondadori, 1994).

Putnam R.D.
1995   "Bowling Alone. America's declining social capital", *Journal of Democracy*, vol. 6, n. 1, pp. 65-78.
2000   *Bowling Alone. The Collapse and Revival of American Community*, New York, Simon & Schuster (trad. it. *Capitale sociale e individualismo*, Bologna, il Mulino, 2004).

Raimo Ch.
2017   *Tutti i banchi sono eguali. La scuola e l'uguaglianza che non c'è*, Torino, Einaudi.

Rampini F.
2019   *La notte della sinistra*, Milano, Mondadori.

Reviglio F.
1977   *Spesa pubblica e stagnazione dell'economia italiana*, Bologna, il Mulino.

Ricolfi L.
2002   *La frattura etica. La ragionevole sconfitta della sinistra*, Napoli, L'Ancora del Mediterraneo.
2005   *Dossier Italia*, Bologna, il Mulino.
2005   *Perché siamo antipatici? La sinistra e il complesso dei migliori*, Milano, Longanesi.
2007   "La seconda transizione consumistica e la frattura etica fondamentale", in *Almanacco Guanda*, Milano, Guanda.
2010a   *Il sacco del Nord. Saggio sulla giustizia territoriale*, Milano, Guerini e Associati.
2010b   "Federalismo e squilibri territoriali: otto domande sulla Legge 42", *Polena*, n. 1, pp. 9-26.
2014   *L'enigma della crescita*, Milano, Mondadori.

Romer P.M.
1990   "Endogenous Technological Change", *Journal of Political Economy*, vol. 98, n. 5, Part 2.

Russell B.
1915   *In Praise of Idleness*, London, Allen & Unwin (trad. it. *Elogio dell'ozio*, Milano, Longanesi, 1963).

Russo L.
1998   *Segmenti e bastoncini*, Milano, Feltrinelli.

Salis E.
2014   "Il ritorno delle italiane al lavoro di cura: è davvero concorrenza?", *Fieri.it*, 8 maggio (consultabile all'indirizzo http://bit.ly/2lyF6Nh).

Salvati M.
1976   *Sviluppo economico, domanda di lavoro e struttura dell'occupazione*, Bologna, il Mulino.

Santoro A.
2010   *L'evasione fiscale*, Bologna, il Mulino.

Schlitzer G.
2015 "L'economia italiana e il paradosso della produttività", LIUC *Papers*, n. 285, giugno.

Schneider F.
2005 "Shadow Economies Around the World. What do we really know", *European Journal of Political Economy*, vol. 21, n. 3, pp. 598-642.

Scitovsky T.
1976 *The Joyless Economy*, New York-London, Oxford University Press (trad. it., *L'economia senza gioia*, Roma, Città Nuova, 2007).

Simone R.
2000 *La terza fase: forme di sapere che stiamo perdendo*, Roma, Laterza.
2018 *L'ospite e il nemico. La grande migrazione e l'Europa*, Milano, Garzanti.

Simonetti L.
2010 *Mangi, chi può*, Firenze, Mauro Pagliai Editore.

Skidelsky R. – Skidelsky E.
2012 *How Much is Enough?*, New York, Other Press (trad. it. *Quanto è abbastanza*, Milano, Mondadori, 2013).

Solaro A.
2019 "Piccola è la notte", *Il Venerdì*, 26 luglio.

Solt F.
2009 "Standardizing the World Income Inequality Database", *Social Science Quarterly*, vol. 90, n. 2, June 2009, pp. 231-242.
2016 "The Standardized World Income Inequality Database", *Social Science Quarterly*, vol. 97, n. 5, May 2016, pp. 1267-1281.

Sparti D.
2002 "Difficili convivenze. Una nota su Habermas e il multiculturalismo", *Quaderni di Sociologia*, n. 29.

Stiglitz J.E. – Greenwald B.C.
2014   *Creating a Learning Society*, New York, Columbia University Press (trad. it. *Creare una società dell'apprendimento*, Torino, Einaudi, 2018).

Summers, L.H.
2014   "US Economic Prospects. Secular Stagnation, Hysteresis, and the Zero Lower Bound", *Business Economics*, vol. 49, n. 2, pp. 65-73.
2015   "Demand Side Secular Stagnation", *American Economic Review*, vol. 105, n. 5, pp. 60-65.

Taylor Ch.
1991   *The Malaise of Modernity*, Toronto, House of Anansi Press (trad. it. *Il disagio della modernità*, Roma-Bari, Laterza, 1999).

Thurow L.
1980   *The Zero-Sum Society. Distribution and the Possibilities for Economic Change*, New York, Basic Books (trad. it. *La società a somma zero*, Bologna, il Mulino, 1981).

Toffler A.
1970   *Future Shock,* New York, Random House (trad. it. *Lo shock del futuro*, Milano, Rizzoli, 1971).
1980   *The Third Wave*, New York, Bantam Books (trad. it. *La terza ondata*, Milano, Sperling & Kupfer, 1987).

Touraine A.
1969   *La société post-industrielle*, Paris, Denoël (trad. it., *La società postindustriale*, Bologna, il Mulino, 1970).

Tremonti G.
2005   *Rischi fatali*, Milano, Mondadori.

Tullio-Altan C.
1986   *La nostra Italia. Arretratezza socioculturale, clientelismo, trasformismo e ribellismo dall'Unità a oggi*, Milano, Feltrinelli.
1997   *La coscienza civile degli italiani. Valori e disvalori nella storia nazionale*, Udine, Gaspari.

Twenge J.M.
2017   *iGen*, New York, Simon & Schuster (trad. it. *Iperconnessi*, Torino, Einaudi, 2018).

Välimaa J. – Hoffman D.
2008   "Knowledge Society Discourse and Higher Education", *Higher Education*, vol. 56, n. 3, pp. 265-285.

van Dijk J.
1991   *De netwerkmaatschappij: sociale aspecten van nieuwe media*, Houten, Bohn Stafleu Van Loghum.

Vargas Llosa M.
2012   *La civilización del espectáculo*, Madrid, Alfaguara (trad. it., *La civiltà dello spettacolo*, Torino, Einaudi, 2013).

Veblen T.
1899   *The Theory of the Leisure Class*, New York, Macmillan (trad. it. *La teoria della classe agiata*, Torino, Einaudi, 1949).

Veneziani M.
1999   *Comunitari o liberal? La prossima alternativa*, Roma-Bari, Laterza.

Ventura R.A.
2017   *Teoria della classe disagiata*, Minimum Fax, Roma.

Watzlawick P. – Beavin J. – Jackson D.D.
1967   *Pragmatic of Human Comunication*, New York, Norton & Company (trad. it. *Pragmatica della comunicazione umana*, Roma, Astrolabio, 1971).

Zuffa G.
2010   *Cocaina. Il consumo controllato*, Torino, Ega-Edizioni Gruppo Abele.

Zuffa G. – Ronconi S. (a cura di)
2017   *Droghe e autoregolazione. Note per consumatori e operatori*, Roma, Ediesse.

Indice dei nomi

Finito di stampare
nel mese di novembre 2019
presso
🐾 Grafica Veneta S.p.A.
Via Malcanton 2 – Trebaseleghe (PD)

Printed in Italy